Christiane Frantz
Kerstin Martens

Nichtregierungs-organisationen (NGOs)

VS VERLAG FÜR SOZIALWISSENSCHAFTEN

Bibliografische Information Der Deutschen Nationalbibliothek
Die Deutsche Nationalbibliothek verzeichnet diese Publikation in der Deutschen
Nationalbibliografie; detaillierte bibliografische Daten sind im Internet über
<http://dnb.d-nb.de> abrufbar.

1. Auflage September 2006

Alle Rechte vorbehalten
© VS Verlag für Sozialwissenschaften | GWV Fachverlage GmbH, Wiesbaden 2006

Lektorat: Frank Schindler

Der VS Verlag für Sozialwissenschaften ist ein Unternehmen von
Springer Science+Business Media.
www.vs-verlag.de

Das Werk einschließlich aller seiner Teile ist urheberrechtlich geschützt. Jede Verwertung außerhalb der engen Grenzen des Urheberrechtsgesetzes ist ohne Zustimmung des Verlags unzulässig und strafbar. Das gilt insbesondere für Vervielfältigungen, Übersetzungen, Mikroverfilmungen und die Einspeicherung und Verarbeitung in elektronischen Systemen.

Die Wiedergabe von Gebrauchsnamen, Handelsnamen, Warenbezeichnungen usw. in diesem Werk berechtigt auch ohne besondere Kennzeichnung nicht zu der Annahme, dass solche Namen im Sinne der Warenzeichen- und Markenschutz-Gesetzgebung als frei zu betrachten wären und daher von jedermann benutzt werden dürften.

Umschlaggestaltung: KünkelLopka Medienentwicklung, Heidelberg
Druck und buchbinderische Verarbeitung: Krips b.v., Meppel
Gedruckt auf säurefreiem und chlorfrei gebleichtem Papier
Printed in the Netherlands

ISBN-10 3-531-15191-6
ISBN-13 978-3-531-15191-5

Christiane Frantz · Kerstin Martens

Nichtregierungsorganisationen (NGOs)

Elemente der Politik

Herausgeber:
Hans-Georg Ehrhart
Bernhard Frevel
Klaus Schubert
Suzanne S. Schüttemeyer

Die ELEMENTE DER POLITIK sind eine politikwissenschaftliche Lehrbuchreihe. Ausgewiesene Expertinnen und Experten informieren über wichtige Themen und Grundbegriffe der Politikwissenschaft und stellen sie auf knappem Raum fundiert und verständlich dar. Die einzelnen Titel der ELEMENTE dienen somit Studierenden und Lehrenden der Politikwissenschaft und benachbarter Fächer als Einführung und erste Orientierung zum Gebrauch in Seminaren und Vorlesungen, bieten aber auch politisch Interessierten einen soliden Überblick zum Thema.

Inhalt

1 Einleitung – NGOs im Blickpunkt   11

    1.1 NGOisierung der Politik? Zwei „spotlights"   12
    1.2 NGO-Aufstieg durch Erregung öffentlicher Aufmerksamkeit   14
    1.3 ... oder doch nur die am meisten überschätzten Akteure?   15
    1.4 NGOs in der internationalen Politik   16
    1.5 NGOs als Akteure des „Dritten" Sektors   18
    1.6 Aufbau der Einführung   19

2 Begriffsbestimmung – Was sind NGOs?   21

    2.1 Begriffsgeschichte   21
    2.2 Der N-G-O-Begriff   23
    2.2.1 Das N in NGOs   24
    2.2.2 Das G in NGOs (in Kombination mit dem N)   27
    2.2.3 Das O in NGOs   29
    2.3 Der (internationale) Status von NGOs   30
    2.3.1 Rechtlicher Status von NGOs   30
    2.3.2 UNO-Status von NGOs   32
    2.3.3 UIA-Kriterien   37
    2.4 Nichtstaatlichkeit von NGOs   40
    2.4.1 Genuine NGOs   40
    2.4.2 NGO-Abweichler   43
    2.5 Grenzüberschreitende Zusammensetzung von NGOs   45
    2.5.1 Föderative NGOs (bottom up-Prinzip)   46
    2.5.2 Zentralistische NGOs (top down-Prinzip)   48
    2.6 NGOs, die (un)bekannten Wesen?   49

3 *Inside* NGOs - Geschichte, Funktionen und Professionalisierung — 51

3.1	*Organisationsgeschichte*	51
3.2	*NGO-Profile*	55
3.3	*Professionalisierung*	62
3.3.1	Vom Ehrenamt zum Hauptamt	62
3.3.2	Personalmanagement	66
3.3.3	Rekrutierung	70
3.3.4	Transnationale Netzwerke	73
3.4	*Konsequenzen der Professionalisierung*	75
3.5	*Effekte und Grenzen der NGO-Professionalisierung*	76

4 Akteursqualität - NGOs in der internationalen Politik — 78

4.1	*NGOs und internationale Veränderungsprozesse*	79
4.1.1	NGOs im Kontext von Globalisierung und global governance	79
4.1.2	NGOs als Mitspieler auf der Weltbühne	83
4.1.3	Frühe Politikarenen für NGOs	87
4.2	*NGO-Aktivitäten im System der UNO*	89
4.2.1	NGOs als Agenda- und Standard-Setter	90
4.2.2	NGOs als Berater und Experten	93
4.2.3	NGOs in der Umsetzung von UNO-Projekten	96
4.2.4	Beschränkungen von NGO-Interaktion am Beispiel Konsultativstatus	97
4.2.5	Neue informelle Interaktionsmodi zwischen NGOs und der UNO	103
4.3	*NGOs im Mehrebenensystem der Europäischen Union*	107
4.3.1	Lobbying auf dem Parkett der EU	108
4.3.2	NGOs als Kommunikationsbrücke zur Bevölkerung	109
4.3.3	NGO-Vernetzung im EU-Kontext	112
4.3.4	NGOs im Politikprozess der EU	113

4.3.5	NGOs als Teil der good governance der EU?	116
4.3.6	Politische Effektivität und strategische Präsenz	119
4.4	*NGOs als globale Player*	121

5 Legitimation und Gestaltungsspielraum von NGOs 123

5.1	*NGOs zu Beginn des 21. Jahrhunderts – Ausverkauf des Idealismus?*	124
5.2	*NGOs im Verhältnis zur Basis und zum Staat*	127
5.3	*Ringen um politische Glaubwürdigkeit und Vertrauen*	130
5.4	*Entwicklungen und Konflikte innerhalb der NGO-Szene*	132
5.5	*Perspektiven*	134

6 Anhang 136

6.1	*Literaturverzeichnis*	136
6.2	*Empfehlungen zu weiterführender Literatur*	150
6.2.1	Buchempfehlungen	150
6.2.2	Empfohlene Fachzeitschriften	152
6.3	*Nützliches zu NGOs im world wide web*	154
6.3.1	NGOs + EU	154
6.3.2	NGOs + UNO	154
6.3.3	NGO-Plattformen und Netzwerke	155
6.3.4	NGOs in ausgewählten Politikfeldern	156

Abkürzungsverzeichnis

CoGG	Commission on Global Governance
CONECCS	Consultation, la Commission européenne et la Societé Civile
ECOSOC	Economic and Social Council
EU	Europäische Union
GANGO	Government appointed NGO
GONGO	Government organised NGO
IGO	International Governmental Organisation
NGO	Non-Governmental Organisation
NPO	Nonprofit Organisation
NRO	Nichtregierungsorganisation
QUANGO	Quasi-NGO
SCHR	Steering Committee for Humanitarian Response
TSMO	Transnational Social Movement Oranisation
UIA	Union of International Associations
UNHCR	United Nations High Commissioner for Refugees
UNO	United Nations Organisation
VN	Vereinte Nationen
WGSC	NGO Working Group on the Security Council
WTO	World Trade Organisation

Vorwort

Nichtregierungsorganisationen sind in den vergangenen Jahren zu wichtigen Akteuren in der nationalen und internationalen Politik geworden. Ziel dieses Buches ist es, das Thema „NGO" in komprimierter Form greifbar zu machen. Es richtet sich daher vor allem an Studierende, die sich in den ersten Semestern ihres sozial-, geistes- oder rechtswissenschaftlichen Studiums befinden, aber auch an ein interessiertes Publikum, das sich über wesentliche Grundlagen zu NGOs informieren möchte.

Dieses Buch stellt ein Gemeinschaftsprodukt aus zwei Forschungsprojekten zu NGOs an der Universität Münster (Frantz) und dem Europäischen Hochschulinstitut in Florenz (Martens) dar. Für hilfreiche Kommentare und anregende Kritik auf frühere Manuskriptentwürfe möchten wir uns bedanken bei Matthias Freise, Kristina Hahn und Claudia Kissling. Unseren studentischen Hilfskräften Jegapradepan Arumugarajah, Celia Enders und Max Schulte danken wir für Zuarbeiten und Korrekturen am Manuskript. Für Unterstützung und Beistand gilt unser Dank Detlef Jahn.

Münster und Bremen, Mai 2006

Christiane Frantz & Kerstin Martens

1 Einleitung – NGOs im Blickpunkt

> *One of the great unreported events of the last decade has been the total explosion of non-government organisations in developing countries of the world. While I was shaving the other day, I looked in the mirror and thought, "**Wow, I am an NGO!**" I have always been interested in this, but I am more interested since I discovered I was one.*
> Bill Clinton (2004)

Jeder kennt NGOs (**N**on-**G**overnmental **O**rganisations oder Nichtregierungsorganisationen). Viele Menschen spenden zu Gunsten einer NGO. Eine NGO zu sein ist sexy. GREENPEACE, AMNESTY INTERNATIONAL, ÄRZTE OHNE GRENZEN sind quer durch die Länder und bei Bürgerinnen und Bürgern unterschiedlicher Generationen bekannte NGOs. Spätestens seit sich ATTAC medienwirksam für die Betroffenen einer Liberalisierung des Welthandels einsetzt, hat sich ‚NGO' als Begleitbegriff der Globalisierungskritik etabliert. Sogar Bill Clinton gibt sich das Etikett NGO. Selbst tragische Ereignisse, wie die Entführung und Ermordung von Margaret Hassan, der Leiterin von CARE INTERNATIONAL, durch Terroristen im Irak, haben NGOs in der Öffentlichkeit bekannt gemacht und deren Engagement und Risiko bei ihrer Arbeit vor Ort verdeutlicht.

Doch was meint Bill Clinton genau, wenn er feststellt, eine NGO zu sein? Welche Kriterien legt er an? Was für Möglichkeiten, Handlungsoptionen und Hoffnungen verbinden sich mit dem Begriff? Wodurch unterscheiden sich NGOs von den klassischen Organisationsformen der Interessenvertretung wie Parteien und Verbände? Wo liegen die Grenzen von NGO-Engagement? Ziel dieser Einführung ist es, einen Überblick über das ‚NGO-Phänomen' zu geben, indem drei Themenkomplexe bearbeitet werden: Zunächst soll geklärt werden, woher der Begriff kommt, was sich dahinter verbirgt und wie man NGOs charakterisieren kann. Weiterhin wird die Geschichte von NGOs, werden ihre Funktionen in Politik und Gesellschaft sowie ihre Organisationsstrukturen beleuchtet. Schließlich wird die Akteursqualität von NGOs in der internationalen Politik in den Mittelpunkt gestellt und ihre Interaktion mit internationalen Organisationen untersucht.

1.1 NGOisierung der Politik? Zwei „spotlights"

NGOs sind heute in vielen Tätigkeitsbereichen anzutreffen und aus dem öffentlichen Leben nicht mehr wegzudenken. Insbesondere durch ihre Medienpräsenz während groß angelegter öffentlicher Kampagnen sind sie zu einflussreichen Akteuren des gesellschaftlichen Lebens geworden. Viele ihrer Aktivitäten reichen über nationale Ländergrenzen hinweg und beeinflussen das politische Geschehen in mehreren Staaten. Zwei prominente Beispiele verdeutlichen die „NGOisierung" der Politik seit den 1980er Jahren:

1979, ARD-Fernsehen: im Nachrichtenmagazin „Report" tritt Rupert Neudeck vor die Kamera und bittet um Spenden für seine Hilfsaktion, die er angesichts des Elends der vietnamesischen *boat people* im südchinesischen Ozean auf den Weg bringen will. Mit großer Eindrücklichkeit veranschaulicht er die Situation der Menschen, die in ihren überladenen Booten in Not auf dem Meer treiben: Flüchtlinge werden Opfer von Stürmen oder Piratenüberfällen (Komitee Cap Anamur 2005). In seinem zweiminütigen Bericht wirbt Neudeck um die Aufmerksamkeit und Unterstützung der Fernsehzuschauer.

Dieses Drama der *boat people* spielt sich weit jenseits der deutschen Grenzen ab. Daher spricht vermeintlich wenig dafür, dass unter diesen Umständen das Werben um finanzielle Hilfe für CAP ANAMUR - so nennt Neudeck seine Aktion - von Erfolg gekrönt sein könnte. Und doch gelingt das Experiment, im Rahmen eines TV-Politmagazins Hilfe für die Flüchtlinge zu organisieren. Es gelingt sogar weit besser, als Neudeck selbst es erwartet hatte. Die „Aktion Cap Anamur", das Schiff mit gleichem Namen, das in See sticht, um die *boat people* aufzunehmen, kann nicht nur - wie von Neudeck geplant - für drei Monate akute Hilfe leisten. Bei dem im Fernsehen angegebenen Spendenkonto gehen Gelder in einer Höhe ein, die aus der kurzfristigen Aktion eine langfristig arbeitende Organisation werden lassen.

1995, im Februar genehmigt die britische Regierung dem Shell-Konzern die Versenkung der 14.500t schweren Ölplattform Brent Spar im Atlantik (Greenpeace 2005). GREENPEACE will diesen Präzedenzfall für die „bequeme" Entsorgung industrieller Altlasten durch eine gezielte Aktion verhindern und heuert unter dem Skipper und GREENPEACE-Aktivisten John Castle ein Schiff in der Nordsee an. Ende April gelingt es zwölf GREENPEACE-Aktivisten, die Ölplattform zu besetzen. Bei der Aktion, von der die Öffentlichkeit bis dahin kaum Kenntnis genommen hatte, kommen spektakuläre Bilder zu Stande, mit denen GREENPEACE in einer eigenen Kampagne das öffentliche Interesse in rasender Geschwindigkeit wecken kann: Der Kampf wird hier als „David gegen Goliath" in Bilder gefasst und von zahlreichen Medien, die ihre Kamerateams und Reporter in die Nordsee schicken, bald weltweit mit Sonderbeiträgen in die Nachrichtensendungen gebracht. In einem spektakulären und für die betroffenen GREENPEACE-Aktivisten mit hohen Risiken verbundenen Einsatz räumt der Shell-Konzern schließlich die Plattform Ende Mai 1995.

Der Druck auf Shell wächst in wenigen Tagen; eine EMNID-Umfrage in Deutschland Anfang Juni zeigt einen überwältigenden Zuspruch von Dreiviertel der deutschen Bürgerinnen und Bürger, die bereit sind, sich dem Boykott-Aufruf von GREENPEACE gegen Shell anzuschließen (zitiert nach Retzmann 1996). Selbst Angela Merkel plädiert als damalige Umweltministerin vor laufenden Kameras dafür, dass Brent Spar nicht versenkt werden solle und auch Bundeskanzler Helmut Kohl fordert vom britischen Premierminister am Rande eines Ratstreffens der Europäischen Union (EU), die Erlaubnis für die Entsorgung auf See zurückzuziehen. Die Presseabteilung und der Vorstand von Shell - offenbar vom Ausmaß der öffentlichen Proteste überrascht - sehen sich nach einigen weiteren Tagen am 20. Juni 1995 dazu veranlasst, Brent Spar nicht zu versenken. Shell schaltet im Nachgang des Falls „Brent Spar" eine bundesweite Anzeigenkampagne unter dem Titel „*Wir* werden uns ändern" (WDR 2005).

Diese beiden bekannten Beispiele von NGO-Engagement zeigen zwei typische Anliegen auf, derer sich NGOs annehmen: (1) NGOs kümmern sich um Menschen in Not, die keine unmittelbare Selbsthilfe leisten können – wie im Fall der *boat people*, für die die CAP ANAMUR Spenden und Hilfe organisiert hat; und (2) NGOs bringen Themen auf die politische und gesellschaftliche Agenda, die von den Entscheidungsträgern (bewusst) vernachlässigt worden sind – wie im Fall der Umweltverschmutzung durch die Versenkung von Brent Spar, die GREENPEACE durch ihre Aktion verhindert hat.

1.2 NGO-Aufstieg durch Erregung öffentlicher Aufmerksamkeit

Insbesondere spektakuläre Aktionen haben NGOs zu Medienlieblingen gemacht und einen Anstoß für deren Organisationsentwicklung gegeben. Wichtige Medienvertreter für sich zu gewinnen und damit relativ beschränkte Kapazitäten ins Vielfache zu steigern – wie dies im Fall von CAP ANAMUR und GREENPEACE gelungen ist – vergrößert das Potential von NGO-Aktivitäten und verbessert die Unterstützung durch die Öffentlichkeit. NGOs haben so gezeigt, dass sie mit Hilfe von medienwirksamen Aktionen in der Lage sind, Druck aufzubauen, dem sich sowohl politische Akteure als auch multinationale Konzerne beugen.

Schaut man auf die Initialzündungen dieser Entwicklung zurück, so stehen sinnbildlich hierfür beispielsweise Atomkraftgegner, die sich an Eisenbahnschienen ketten, um den Transport von Atommüll nach Gorleben zu verhindern; oder Vertreterinnen von AMNESTY INTERNATIONAL, die zum Jahrestag der Demokratiebewegung in China auf dem Tiananmen Platz auf großflächigen Plakaten öffentlich sichtbar die Freilassung von politisch Gefangenen fordern; oder Aktivisten von GREENPEACE, die die Schornsteine Luft verpestender Fabriken hinauf klettern, Verklappungsschiffe blockieren oder einen toten Wal als Mahnmal vor die Tore der japanischen Botschaft in Berlin schleppen und sich damit wiederum eine Meldung in „tagesschau" und „heute"-Sendung sichern.

Für NGOs in allen Politikfeldern ist es heute von hoher Bedeutung, kampagnenfähig zu sein, Themen zu setzen und sie so zu platzieren, dass Druck auf die Entscheidungsträger der (inter)nationalen Ebene erzeugt wird, dass aber auch Bürgerinnen und Bürger individuell zur (Spenden)Aktivität motiviert werden. Weil sich der mediale Widerhall in einer Gesellschaft an Bildern orientiert, die stärker haften bleiben als Zahlen und Wortnachrichten, bedienen sich auch NGOs gerne dieses Mediums, um ihre Botschaft zu vermitteln, anstatt nur nüchterne Fakten zu publizieren oder Flugblätter zu verteilen.

1.3 ... oder doch nur die am meisten überschätzten Akteure?

Die Medienabhängigkeit von NGOs birgt auch Risiken. Das Beispiel der Aktion CAP ANAMUR steht stellvertretend für die Gratwanderung im Kampf um Aufmerksamkeit, dem NGOs ihre politische Wirksamkeit schulden: nachdem Rupert Neudeck als Führungsperson und „Kopf" von CAP ANAMUR die Geschäfte an seinen Nachfolger Elias Bierdel erst kurze Zeit abgegeben hatte, ist die NGO im Jahre 2004 wieder einmal Thema in einem politischen Magazin der ARD. Diesmal jedoch wird berichtet, dass das vermeintliche Flüchtlingsdrama vor der italienischen Küste zwar auch der restriktiven Flüchtlingspolitik Italiens geschuldet ist, dass aber die Inszenierung von Bildern für die Medien ganz bewusst von Bierdel geplant wird.

Ähnlich hat auch GREENPEACE die Erfahrung machen müssen, dass eine zu schnelle Zulieferung von ungenügend geprüften Informationen an die Medien der Reputation der Organisation schaden kann: Im Nachhinein musste GREENPEACE sich bei Shell entschuldigen, denn man hatte in der Medienkampagne falsche Daten über Giftmüll, der auf der Brent Spar gelagert wurde, weiter gegeben. GREENPEACE übernahm diese Daten aus einem Gutachten, das wiederum mit einem Einschätzungsfehler behaftet war, so dass die Schadstoffmenge vielfach zu hoch ausgewiesen wurde. GREENPEACE selbst kommt rückblickend zu dem Schluss: „Der Messfehler hat GREENPEACE geschadet, da das höchste Gut der

Umweltorganisation die Glaubwürdigkeit ist" (Koch/Lohmann 2005: 33).

Die Inszenierung von NGOs in der Öffentlichkeit ist inzwischen selbst Teil einer kritischen Auseinandersetzung mit dem NGO-Phänomen geworden (Baringhorst 1998; Wahl 1998) und gipfelt nicht zuletzt in dem fast zynisch anmutenden Buchtitel „Hilfe, die Helfer kommen" (Knaup 1996). Doch die Normalität birgt auch die Chance nüchterner Analyse und tragfähiger Erkenntnisse darüber, was NGOs zu spezifischen Akteuren der Politik macht und wie ihre Arbeit im globalisierten Politikprozess zu beurteilen ist. NGOs werden nicht mehr per se ins positive Licht gerückt; aber sie haben sich einen festen Platz in der Gesellschaft bzw. an der Schnittstelle von Gesellschaft und Politik erworben.

Die Kritik an NGOs kommt dabei nicht mehr nur von kritischen Medienberichterstattern, wenn Skandale augenfällig werden, oder seitens NGO-kritischer Regierungsvertreter wie etwa der Regierung unter Präsident Bush, die sich in ihrem Regierungshandeln auf klassischen Politikfeldern wie der Außen- und Sicherheitspolitik durch Protestaktionen von NGOs nicht behindert wissen wollen. Auch aus dem eigenen Lager oder zumindest aus dem eigenen Organisationssegment müssen viele NGOs mit Anwürfen rechnen. So ist die seit einigen Jahren prominente Organisation ATTAC - die von sich selber als sozialer Bewegung spricht und damit eine Abgrenzung von Professionalisierungstrends im NGO-Sektor verbindet - mit Kritik an NGOs besonders dann zur Stelle, wenn sie bei ihnen eine zu starke Tendenz der Verknüpfung mit staatlichen Akteuren und Regierungsorganisationen feststellt.

1.4 NGOs in der internationalen Politik

Vor allem die 1990er Jahre werden häufig als ‚Dekade der NGOs' bezeichnet. In diesem Jahrzehnt ist es den NGOs gelungen, auf den internationalen politischen Bühnen tatkräftig mitzuwirken. Weil sie zu Hunderten an den diversen Weltkonferenzen teilgenommen hatten, wurde ihnen von politischer Seite das Potential für eine Mitwirkung bei der Problemlösung zugesprochen; auch internationale zwischenstaatliche Organisationen wie die UNO

(United Nations Organisation oder Vereinte Nationen - VN) oder die EU (Europäische Union) öffneten sich stärker als in der Vergangenheit für eine Zusammenarbeit mit ihnen. NGOs wurden in Gremienarbeiten integriert, ihre Expertise wurde zu Verhandlungen hinzugezogen und Projekte wurden gemeinsam von staatlichen Akteuren und NGOs ausgeführt.

NGOs gelten als flexibel, schnell und unbürokratisch. Sie sind in der Lage, mit hoher Wirksamkeit spezielle Probleme zu bekämpfen, während parteipolitische Akteure und Regierungen in dem lähmenden Bedingungsgefüge der Parteiprogramme gefangen und dem Prinzip der Allzuständigkeit und dem Gemeinwohl verpflichtet sind. NGOs werden zu Partnern staatlicher Akteure und internationaler zwischenstaatlicher Organisationen (International Governmental Organisations oder IGOs), z.B. in der Not- und Entwicklungshilfe wie unlängst - und immer noch anhaltend - nach den Erdbebenkatastrophen in Indien und Pakistan im Herbst 2005, oder in der Folge der Kriege im Irak 2003 und in Afghanistan 2001, wo sie Hand in Hand mit Regierungen und internationalen Organisationen wie der UNO schnelle Hilfe in die betroffenen Gebiete bringen.

Als Partner des Staates oder von IGOs müssen sich NGOs allerdings auch mit der Frage kritischer Beobachter konfrontieren lassen, ob sie das sind, was ihr Name vorgibt – *Nicht*regierungsorganisationen. Kann ihr Handeln wirklich als regierungsunabhängig bezeichnet werden, wenn NGOs als Akteure auf der politischen Bühne nicht mehr nur vor den Toren der UNO-Verhandlungsräume protestieren und von außen über ihre Sicht der Probleme informieren, sondern wenn sie als Mitspieler das Feld betreten und zu Verhandlungspartnern und Beratern staatlicher Akteure und internationaler Organisationen werden? Stimmt das Bild von „David gegen Goliath" überhaupt (noch) – in dem vermeintlich die Rollen „stark" und „schwach", „böse" und „gut" so eindeutig verteilt sind?

1.5 NGOs als Akteure des „Dritten" Sektors

Organisationen und Institutionen lassen sich generell in drei Sektoren unterteilen, in denen auch NGOs verortet werden können (Zimmer/Priller 2006). Der erste Sektor ist der Staatssektor - einfacher als *Staat* bezeichnet. Hier lassen sich Institutionen des politischen Systems und der Gerichtsbarkeit zuordnen sowie das (verfassungs)rechtliche Regelwerk, auf das die Institutionen gegründet sind. Zu diesem Sektor gehören auf der transnationalen bzw. supranationalen Ebene aber auch Rechtsregime (wie die Klimakonvention), die auf Verträgen zwischen Nationalstaaten beruhen. Bilden sich auf dieser Ebene Institutionen, werden sie als supranationale Organisationen bzw. als internationale zwischenstaatliche Organisationen oder Regierungsorganisationen bezeichnet (z.B. UNO oder EU; im englischsprachigen Raum heißen sie IGOs, International **Governmental** Organisations, und sind damit - zumindest sprachlich - das Gegenstück der NGOs.

Der zweite Sektor ist der Wirtschaftssektor; in freien marktwirtschaftlich funktionierenden Wirtschaftssystemen auch einfach als *Markt* bezeichnet. Der Markt lässt sich volkswirtschaftlich als Treffpunkt von gesamtwirtschaftlichem Angebot und gesamtwirtschaftlicher Nachfrage definieren. Die Funktionslogik des Marktes ist die Maximierung von Profit (Gewinnstreben) und die Deckung individueller Bedürfnisse und Bedarfe. Individuen treten als Nachfrager oder Anbieter auf; hier findet man aber auch kollektive Akteure, etwa große Unternehmen wie Coca Cola, die als multinationale Großkonzerne am Markt agieren.

Der dritte Sektor neben Markt und Staat umfasst all jene Organisationen, Handlungszusammenhänge und Aktionen, die dem privaten, (zivil)gesellschaftlichen, nicht primär gewinnmaximierenden Bereich zuzuordnen sind. Für diesen Bereich wird eine Vielzahl von Begriffen verwendet, je nach dem, welches typische Merkmal hervorgehoben werden soll: Nonprofit-Sektor, zivilgesellschaftlicher Sektor oder - neutraler - „Dritter Sektor" (im Englischen: *third sector*). Die NGOs werden diesem Dritten Sektor zugerechnet. Sie gehören zu den **N**on**p**rofit **O**rganisations (NPOs).

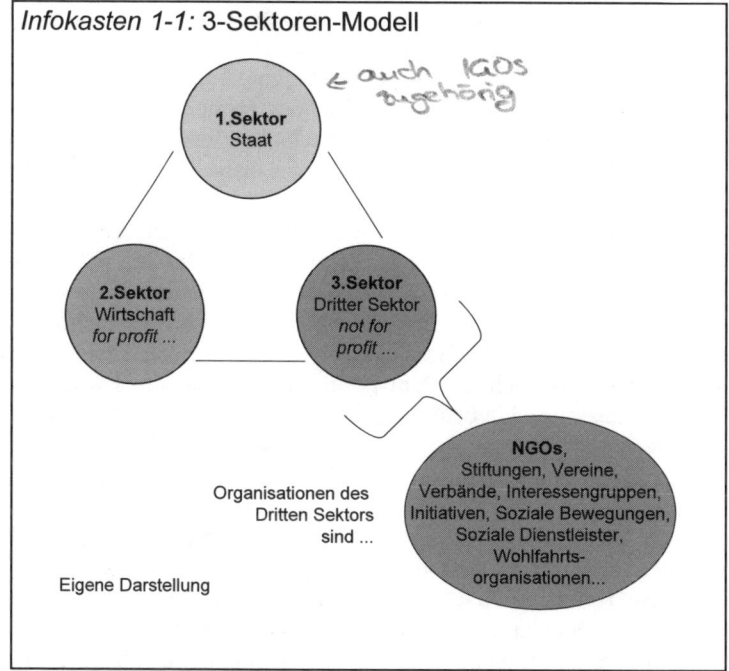

Infokasten 1-1: 3-Sektoren-Modell

← auch IGOs zugehörig

1.6 Aufbau der Einführung

Aufbauend auf dieser Verortung von NGOs als politische Akteure sollen in den folgenden Kapiteln Grundkenntnisse über NGOs vermittelt werden. In *Kapitel 2* werden die definitorische Eingrenzung und Präzisierung des Gegenstandbereiches NGO behandelt und eine Beschäftigung mit der Rechtsform bzw. den rechtlichen Bedingungen geleistet, innerhalb derer sich NGOs in der (inter)nationalen Politik bewegen. Durch diese Auseinandersetzung mit der NGO-Begrifflichkeit und dem Rechtsstatus von NGOs soll eine Annäherung an diese Organisationsart in Abgrenzung zu anderen Akteuren in der (inter)nationalen Politik hergestellt werden. In *Kapitel 3* werden die historischen Bezüge zwischen dem aktuellen Phänomen der NGOs und den Vorläufern in Gestalt anderer Formen zivilgesellschaftlicher Organisationen und Akteure hergestellt. Weiterhin werden in diesem Kapitel die Organisationsgeschichte, das Aufgabenprofil von NGOs sowie deren Managementbedarfe als Organisation des Dritten Sektors behandelt. Somit stehen neben der zeitgeschichtlichen Herleitung das Organisationsmanagement und die Funktionsweise von NGOs im Zentrum des Kapitels.

Die internationale Politik und Problemstellungen jenseits nationaler Grenzen sind häufig die Bezugspunkte für das politische und praktische Engagement von NGOs. Daher werden in *Kapitel 4* NGOs in der internationalen Politik in mehrerlei Hinsicht thematisiert: Einfluss und Grenzen von NGOs werden sowohl auf UNO-Ebene als auch auf dem politischen Parkett der EU ausgeleuchtet. Das abschließende *Kapitel 5* zeigt Entwicklungsszenarien, Wirkungschancen und Restriktionen auf, die sich aus heutiger Sicht für NGOs als politische Akteure ablesen und prognostizieren lassen.

Da dieser Band als erste Einführung in die Thematik viele Themen andiskutiert und die Aufmerksamkeit auf den weitreichenden Diskurs zu NGO-Themen lenkt, ist im Anhang der Arbeit hier verwendete und weiter führende NGO-Literatur aufgeführt. Da NGOs ein Phänomen sind, das die Möglichkeiten des Internets optimal zu nutzen weiß, wird auch ein Teil der im Netz zu findenden Informationsquellen rund um das Thema NGOs systematisiert und zur Verfügung gestellt.

2 Begriffsbestimmung – Was sind NGOs?

Was genau verbirgt sich hinter dem Begriff NGO? Welchen rechtlichen Status können NGOs beanspruchen? Und welche Typen von NGOs gibt es? ‚NGO' ist inzwischen zur allseits benutzen Vokabel geworden, doch was genau unter dem Kürzel zu verstehen ist, was NGOs charakterisiert (und was nicht) und wie sie sich von anderen Akteuren unterscheiden, wird selten präzisiert. Dieses Kapitel soll daher eine Begriffsbestimmung leisten. Nachfolgend wird zunächst der Ursprung des NGO-Begriffes dargestellt, anschließend wird das Kürzel NGO entlang der einzelnen Bestandteile aufgearbeitet. Nach diesem Schritt der Begriffsklärung wird der internationale Status von NGOs erläutert. Im weiteren Verlauf des Kapitels werden verschiedene Typen von NGOs vorgestellt.

2.1 Begriffsgeschichte

Der Begriff NGO ist das Akronym des englischen Ausdrucks *Non-Governmental Organisation*. Als deutsches Äquivalent wird häufig der Begriff *Nichtregierungsorganisation* mit der entsprechenden Abkürzung NRO gebraucht. Allerdings hat sich zunehmend, insbesondere in seiner Abkürzung, die englische Form ‚NGO' auch im deutschsprachigen Raum etabliert. Der Begriff NGO lässt sich auf den Artikel 71 der Charta der UNO zurückführen. Dieser Artikel sieht vor, dass der Wirtschafts- und Sozialrat der UNO (*Economic and Social Council* - ECOSOC) mit NGOs zusammenarbeiten kann (siehe Infokasten 2-1).

Bei der UNO-Gründung im Jahre 1945 wirkten Vertreterinnen und Vertreter verschiedener zivilgesellschaftlicher Organisationen bei der Ausarbeitung der Charta mit. Mit dem Artikel 71 der Charta wurde diesen Bemühungen Rechnung getragen, und grundsätzliche Prinzipien der Konsultation von NGOs mit der UNO wurden schriftlich fixiert. Seit der Aufnahme in die UNO-

Charta hat der Begriff NGO zunehmend Verbreitung gefunden. Ältere Werke hingegen beziehen sich noch auf ‚private Organisationen' (White 1933). Obwohl auch manche Studien nach der UNO-Gründung zunächst noch von *pressure groups* oder *interest groups* (White 1968; Meynaud 1961) sprechen, wurde zunehmend der Begriff NGOs verwendet.

> *Infokasten 2-1:* Artikel 71 UNO-Charta
>
> The Economic and Social Council may make suitable arrangements for consultation with non-governmental organizations which are concerned with matters within its competence. Such arrangements may be made with international organizations and, where appropriate, with national organizations after consultations with the Members of the United Nations concerned.

Seit ihre Popularität Mitte der 1990er Jahre gewachsen ist, gehört der Begriff NGO zum anerkannten Vokabular; nach einer einheitlichen Ausführung, was diesen Organisationstyp charakterisiert und auszeichnet, sucht man in der Literatur jedoch meist vergebens. Der überwiegende Teil der NGO-Definitionen geht den Weg über die negative Abgrenzung: sie erörtern, was NGOs *nicht* sind, anstatt darzulegen, was sie charakterisiert. So stellt zum Beispiel Willetts (1996: 6) nach ausgiebiger Diskussion von NGO-Merkmalen und -Ausprägungen fest, dass „jede nicht gewinnorientierte, gewaltfreie, organisierte Gruppe von Menschen, die keine Regierungsfunktionen anstrebt" als NGO bezeichnet werden kann. Ebenso stellte Lador-Lederer (1963: 60) bereits in den 1960ern fest, dass „NGOs *nicht* staatlich, *nicht* gewinnorientiert, *nicht* uninational sind" (kursiv im Original, Übersetzungen KM).

Auch viele semantische Alternativen wurden im Laufe des Diskurses ins Spiel gebracht. Besonders die anglophone Literatur liefert eine Vielzahl von Synonymen. Beispiele hierfür sind *major group*, Interessengruppe, private Freiwilligenorganisation, unabhängiger Freiwilligensektor, Zivilgesellschaftsorganisation, Dritter-Sektor-Organisation, Graswurzelorganisation, Aktivistenorganisation, gemeinnützige Einrichtung oder professionelle Bürgerorganisation. Viele dieser sinnverwandten Worte bleiben jedoch unzureichend, weil sie lediglich *einen* Aspekt der NGO-Aktivität betonen bzw. *eine* Untergruppe der im Allgemeinen als NGOs verstandenen Akteure hervorheben.

Der Begriff NGO wird auch wegen seiner Tendenz kritisiert, als Sammelbegriff für sämtliche nicht staatliche Organisationen Verwendung zu finden. Damit wird der Terminus NGO zum *catch all*-Begriff bzw. ‚Abfallkorb' degradiert. Darüber hinaus ist er ungenau und einseitig, weil er ausschließlich aus der Perspektive von Regierungen, eben als *Nicht*-Regierungsorganisationen, herrührt (Rucht 1996: 31). Auch werden mögliche unerwünschte Implikationen dieser Negationskonstruktion kritisiert; in manchen Sprachen, wie zum Beispiel im Chinesischen, wird NGO auch mit ‚Anti-Regierungsorganisation' übersetzt (Brett 1995: 96).

Das Hauptproblem einer begrifflichen Umschreibung des NGO-Sektors ist aber gerade seine charakteristische Vielseitigkeit. Unter den NGO-Begriff gefasste Gruppen und Organisationen unterscheiden sich sowohl in ihren Aktivitäten (Größe, Dauer, Reichweite und Art) als auch mit Blick auf ihre Hintergründe (ideologisch, kulturell und in Bezug auf ihren rechtlichen Status) (Princen/Finger 1994: 6). Als Sammelbegriff schließt das Kürzel somit eine Vielzahl von Akteuren mit unterschiedlichen Charakteristika in einer Kategorie zusammen. Diese Unterschiedlichkeit wird für den internationalen Bereich noch einmal um ein Vielfaches erhöht, wenn man die möglichen Organisationsformen von nationalen NGOs über Ländergrenzen hinaus zu internationalen Dachverbänden hinzunimmt.

2.2 Der N-G-O-Begriff

Obwohl die UNO den Begriff NGO eingeführt hat, leistete auch sie nur eine unzureichende Definition. Sowohl im Artikel 71 der Charta als auch in nachfolgenden Resolutionen beschränkt sich die UNO hauptsächlich darauf, das Verhältnis *zwischen* den NGOs und der UNO zu regeln. Dies gilt bis zur heute gültigen UNO

Resolution 1996/31. Somit hat die UNO eine Begrifflichkeit für eine Gruppe von Akteuren geprägt, deren gemeinsame Attribute wenig definiert sind. Die Heterogenität des NGO-Sektors hat Beobachterinnen und Beobachter daran zweifeln lassen, dass es *die* typische NGO gibt (z.B. Beigbeder 1992: 7; Willetts 1996: 11). Sicherlich macht die Ausdifferenzierung eine trennscharfe Charakterisierung von Nichtregierungsorganisationen schwierig; dennoch gibt es *idealtypische* Merkmale von NGOs, die sich mit Verweis auf die einzelnen Bestandteile der Begrifflichkeit ‚Non-Governmental Organisation' (N-G-O) darstellen lassen.

2.2.1 Das N in NGOs

NGOs sind Akteure der privaten Sphäre, d.h. sie sind durch zivilgesellschaftliche (und eben *nicht* durch staatliche) Initiative zustande gekommen und verfolgen primär immaterielle (und daher *nicht* profit-orientierte) Ziele. Die Gewinne, die die NGOs auf dem Spendenmarkt oder durch das Einwerben von Projektmitteln erwirtschaften, dürfen nicht an die Organisation bzw. das Personal ausgeschüttet werden. Stattdessen muss das erwirtschaftete Geld in vollem Umfang der Zielorientierung der Organisationen zugute kommen, wie es im Leitbild und gegenüber den Finanzbehörden definiert ist. Wäre dies nicht gewährleistet, würde betroffenen NGOs - zumindest in Deutschland - die Gemeinnützigkeit entzogen und sie würden wie profitorientierte Unternehmen steuerlich belastet.

NGOs unterscheiden sich von anderen Organisationen des Nonprofit-Sektors (vgl. 3-Sektoren-Modell in Infokasten 1-1) dadurch, dass sie im Gegensatz zu Interessenverbänden und Parteien gerade *keine* direkte bzw. unmittelbare Klientelpolitik betreiben, sondern Anliegen für andere Menschen und/oder das Gemeinwohl - bspw. eine saubere Umwelt - vertreten und in ihrer Arbeit durch Unterschriften, Geldspenden, ehrenamtlichen Einsatz etc. unterstützt werden (siehe hierzu auch Infokasten 2-2). NGOs erkennen das politische System und seine Regeln grundsätzlich an, agieren im Rahmen der gesetzlichen Bedingungen und wenden keine Gewalt oder illegalen Mittel zur Durchsetzung ihrer Ziele an (d.h. sie sind *nicht* gewalttätig). Daher fallen auch kriminell agierende Organisationen wie etwa die Mafia aus dem Spektrum der als NGO definierten Akteure heraus (Kohl 2002).

Infokasten 2-2: Individuelle Interessenverwirklichung in NGOs

Wer profitiert?

Agieren Unterstützerinnen und Unterstützer von NGOs vollkommen „uneigennützig"? Nicht ausschließlich - Sie agieren sowohl im Interesse anderer, als auch für das eigene Anliegen. Dies soll an einem Beispiel verdeutlicht werden:

Unterstützerinnen und Unterstützer des WORLD WILDLIFE FUND FOR NATURE (WWF) in Europa profitieren in ihrem alltäglichen Leben nicht unmittelbar davon, dass der WWF eine Kampagne zu Gunsten des Artenschutzes seltener Regenwaldvögel durchführt. **Unmittelbar** profitieren die Vögel, die ihre Rechte nicht selber einklagen können und insofern auf die Interessenvertretung durch die WWF-Aktivistinnen und -Aktivisten angewiesen sind. **Mittelbar** profitieren aber auch die Aktivistinnen und Aktivisten des WWF und die WWF-Spender, weil sie für ihre Werte und Ziele – via NGO – politisch tätig werden und ihre normativen Anliegen vorbringen können.

Hinsichtlich der Professionalität von NGOs zeichnet sich in den letzten Jahren ein Verständniswandel ab. Insbesondere viele ältere Werke im englischsprachigen Raum hoben lange den ‚Wohltätigkeitszweck' hervor und betonten, dass NGOs ihre Ziele auf der Basis von ehrenamtlicher Arbeit verfolgen. Diese Auffassung wird deutlich in Begriffen wie zum Beispiel *charity organisation* oder *voluntary groups*, die für viele gesellschaftliche Organisationen verwendet wurden. So hing NGOs lange das Image der „little old ladies in tennis shoes" an (Archer 1983: 303).[1] D.h. es wurde an-

---

[1] Zu Unrecht wurden NGOs als amateurhafte Hobbyaktivisten betrachtet, denn bereits Anfang der 1970er Jahre wies Skjelsbaek in seiner Untersuchung von NGO-Personal darauf hin, dass der Großteil von ihnen über hoch qualifizierte, vollzeitig beschäftigte Mitarbeiter verfügt (Skjelsbaek 1971).

genommen, NGOs seien rechtlich nicht befugt oder wären nicht in der Lage, hauptamtliches Personal zu beschäftigen, nur weil sie per Definition *nicht* profitorientiert arbeiten (dürfen).

Von dieser Interpretation rückt man inzwischen ab. NGOs werden heute meist als professionalisierte und professionelle Organisationen betrachtet (Clarke 1998: 36; Keck/Sikkink 1998b: 218). NGOs verfügen häufig über einen festen Stab von bezahlten Mitarbeiterinnen und Mitarbeitern und operieren keineswegs nur über Freiwillige oder Freizeitaktivisten. Insbesondere die neueste Forschung hat gezeigt, dass Hauptamtliche in NGOs bestimmte Fähigkeiten mitbringen, die für die Ausübung ihrer Funktion in der NGO notwendig sind, wie z.B. Erfahrung mit Fundraising oder wissenschaftlicher Recherche (Keck/Sikkink 1998b: 218; Martens 2004; Frantz 2005). Welches Maß an personeller Professionalität mit dem „N" im NGO-Begriff zu vereinbaren ist, wird in NGOs aber immer häufiger diskutiert (vgl. Kapitel 3).

Ein Kernstück der Zurechnung von NGOs zum Dritten Sektor liegt in der Vorgabe, dass erwirtschaftete Gelder uneingeschränkt in die NGO zurückfließen und ausschließlich für die Arbeit der NGO genutzt werden müssen (Ausstattung, Forschung, Bezahlung der Mitarbeiterinnen und Mitarbeiter, Publikationen, Kampagnen u.a.). Daher werden Professionalität und gemeinnützige Orientierung nicht als unvereinbare Gegensätze angesehen. Gordenker und Weiss (1998: 31) erläutern den Aspekt der Professionalität von NGOs, indem sie herausstellen, dass NGO-Aktivisten wirtschaftliche Fähigkeiten und ökonomisches Denken (*market-skills*) anwenden, diese aber im Sinne des sozialen Engagements nutzen.

Unklar bleibt einstweilen, inwieweit sich der Begriff NGO zunächst primär auf national oder international operierende Organisationen bezieht oder ob er als übergeordneter Ausdruck zu begreifen ist. Der UNO-Terminologie zufolge wurde der Begriff zunächst nur für internationale Organisationen und eben *nicht* für nationale Gruppen gebraucht, da bis zur Reform des Konsultationsstatus 1996 - bis auf wenige Ausnahmen - ausschließlich internationale NGOs zum Beraterstatus zugelassen wurden. Demnach müssten national organisierte NGOs gesondert durch entsprechende Attribute gekennzeichnet werden. Durch die zunehmende Verbreitung des Wortes NGO hat sich allerdings auch seine Anwendung ausgedehnt. Inzwischen wird der Begriff verstärkt auch für ausschließlich national operierende Organisationen benutzt, sodass heute eine Eingrenzung auf international tätige Organisationen gar nicht mehr möglich ist (vgl. Martens 2002).

2.2.2 Das G in NGOs (in Kombination mit dem N)

Regierungen oder quasi-staatliche Akteure werden in der Definition von NGOs nicht berücksichtigt. NGOs werden im Allgemeinen als Organisationen verstanden, die *keine staatlichen Mitglieder haben*, sondern aus einzelnen Personen oder nationalen Gruppen bestehen, die sich wiederum aus Individuen zusammensetzen. Darum werden NGOs auch als „private Organisationen" beschrieben (Mawlawi 1993: 392). Des Weiteren stehen sie *nicht unter der Kontrolle von Regierungen*, sind also auch finanziell und moralisch unabhängig von ihnen (Rosenau/Czempiel 1992) und werden stattdessen nur von ihren eigenen Zielen geleitet.

Allerdings geraten viele NGOs in Abhängigkeit von Regierungen, sobald sie staatliche finanzielle Unterstützung annehmen, oder von offiziellen Institutionen für spezifische Angelegenheiten in Anspruch genommen werden (siehe hierzu auch Infokasten 2-3). Das bedeutet zum Beispiel, dass sie zu Subunternehmen der Staaten werden können, wenn sie für den Staat Dienstleistungen übernehmen – und sich eine Mitsprache bzw. Kontrolle des Staates bei der Verwendung der finanziellen Mittel nicht ausschließen lässt (vgl. Zimmer 2001). In diesem Zusammenhang hinterfragen viele Wissenschaftlerinnen und Wissenschaftler heute die staatliche Unabhängigkeit von NGOs; besonders starke Kritik trifft NGOs im Entwicklungsbereich (Edwards/Hulme 1992; Hulme/Edwards 1997).

Darüber hinaus werden NGOs auch als Organisationen verstanden, deren Ziel es *nicht ist, staatliche Macht* zu erwerben. NGOs zielen auf zivilgesellschaftliche Unterstützung und mediale Wahrnehmung, die sie in die Lage versetzen, auf staatliche Politik Einfluss auszuüben. Diese Eigenschaft schließt daher politische Parteien und politisch organisierte Gruppen von dem Begriff der NGO aus – da diese Gruppen gerade das Ziel verfolgen, Regierungsmacht zu erlangen. Hier wird der Begriff der NGOs daher um die Eigenschaft „nicht-institutionell" in dem Sinne erweitert, dass sie politisch tätig werden, ohne ihre Interessenvertreter als Mandatsträger in Parlamente oder andere staatliche Institutionen entsenden bzw. dort platzieren zu wollen (vgl. Uvin/Weiss 1998: 213).

> *Infokasten 2-3:* Staatliche Unabhängigkeit von NGOs
>
> Staatliche Unabhängigkeit ist ein namentliches Kernkriterium von NGOs. Eine vollständige Unabhängigkeit von staatlicher Finanzierung im NGO-Sektor ist in der Realität aber eher selten. Solche Ausnahmen bilden etwa GREENPEACE, AMNESTY INTERNATIONAL oder ÄRZTE OHNE GRENZEN. Diese Organisationen haben für ihre radikale Auslegung des Unabhängigkeits-Kriteriums gute Gründe:
>
> GREENPEACE tritt in der Regel als scharfer Kritiker staatlicher Versäumnisse in der Umweltpolitik und des nicht-nachhaltigen Wirtschaftens von Unternehmen auf. Diese themenanwaltschaftliche Rolle verträgt sich aus Sicht der Organisation nicht mit einer - auch nur partiellen - Mitfinanzierung durch staatliche Stellen. Ähnlich ist die Argumentationslinie bei AMNESTY INTERNATIONAL: Wer etwa wirtschaftliche Kooperationen zwischen Deutschland und China angesichts von Menschenrechtsverletzungen in China anprangert, muss seine unbedingte Unabhängigkeit vom Staat wahren. Bei ÄRZTE OHNE GRENZEN werden andere Gründe für die finanzielle Autonomie angeführt: Da die humanitäre NGO ungeachtet des „Verursacherprinzips" in Konfliktregionen und in Kriegsgebieten zu Gunsten Notleidender agieren will, ist es für den Zugang zu solchen Gebieten auch zum Schutz der eigenen Mitarbeiter wichtig, nicht einer bestimmten „Partei" zugerechnet zu werden, sondern unabhängig zu bleiben.

2.2.3 Das O in NGOs

NGOs verfügen über eine (zumindest minimale) *organisatorische Struktur*: Sie besitzen einen Hauptsitz, einen festen Stab von Mitarbeiterinnen und Mitarbeitern zur Verrichtung der organisatorischen Belange und eine offiziell verabschiedete Satzung. Das Kriterium „Organisation" unterscheidet die NGOs von sozialen Bewegungen und anderen Formen kollektiven Handelns mit einer weniger stabilen organisatorischen Struktur (wie z.b. öffentlicher Protest). Sie sind keine *ad hoc* Einheiten, sondern werden von einer gewissen Dauerhaftigkeit gekennzeichnet (Gordenker/Weiss 1996: 18).

White (1933: 29) beschreibt die organisatorische Struktur von NGOs in seiner klassischen Studie wie folgt: „Private internationale Organisationen haben eine wie auch immer geartete Form von zentralem Büro, Sekretariat oder Hauptsitz, auch wenn dies nur das Büro des Präsidenten und kein fester Sitz sein mag. Viele private internationale Organisationen haben aus Forschungs- oder Aktivitätsgründen permanente Komitees oder Kommissionen. Manche haben andere Lenkungs-, Vollziehungs- oder Administrativorgane, welche nicht als Konferenzen, Versammlungen, Lenkungskörper oder Vollziehungskomitees eingeordnet werden können" (Übersetzung KM).

Viele NGOs entstammen jedoch selbst dem Lager der sozialen Bewegungen und haben erst nach und nach ihre dauerhafte Struktur entwickelt. Auf der internationalen Ebene werden diese Organisationen als transnationale soziale Bewegungsorganisationen (*transnational social movement organisations* - TSMOs) bezeichnet (Kriesberg 1997: 12; Smith 1997: 42). Zahlreiche NGOs binden ihre Mitglieder heute aber nicht mehr durch ehrenamtliche Tätigkeit für die Organisation ein, sondern der Bewegungscharakter bzw. die Partizipation in der NGO wird aus der finanziellen und ideellen Unterstützung von Bürgerinnen und Bürgern abgeleitet.

Manche Autorinnen und Autoren verbinden das Kriterium der Organisation auch mit dem Merkmal eines anerkannten *juristischen Status* von NGOs in (zumindest) einem Land (Clarke 1998: 36; Keck/Sikkink 1998b: 218; Uvin/Brown 1998: 213). NGOs werden erst als solche betrachtet, wenn sie in dem Land, in dem sie beheimatet sind, auch einen anerkannten Rechtsstatus besitzen. Dieses Kriterium ist allerdings umstritten, da Anerkennungsmodus und -konditionen von Land zu Land stark variieren.

2.3 Der (internationale) Status von NGOs

Obwohl NGOs seit langem grenzüberschreitend tätig sind, gibt es kein internationales Abkommen zu ihrer Rechtspersönlichkeit. Daher bilden vor allem Kriterienkataloge, die diverse internationale zwischenstaatliche Organisationen entwickelt haben, um ihre Zusammenarbeit mit NGOs zu regeln, die Grundlage für den Status von NGOs im internationalen Kontext. Die UNO hat hinsichtlich der NGO-Anerkennung eine Vorreiterfunktion übernommen und gilt als Vorbild für andere IGOs. Die EU hat mit dem Weißbuch Europäisches Regieren (2001) und institutionellen Anpassungen nachgezogen. Auch die Kriterien der UNION OF INTERNATIONAL ASSOCIATIONS (UIA) werden oft als Basis für NGO-Kriterienkataloge genutzt.

2.3.1 Rechtlicher Status von NGOs

NGOs haben in erster Linie nationalen Rechtsstatus (Kamminga 2005). Nationale Regelungen setzen fest, welche Kriterien eine NGO zu erfüllen hat, um in dem jeweiligen Land als eine solche betrachtet zu werden. Um allerdings transnationales Agieren von NGOs zu ermöglichen und zu regeln, haben verschiedene Länder Regelungen auf nationaler Ebene getroffen, wie internationale NGOs zu behandeln sind. Das belgische Recht zu NGOs von 1919 gilt als das älteste Recht, in dem die Belange von internationalen NGOs geregelt wurden. International agierende NGOs werden nach belgischem Recht als Organisationen mit „bevorzugtem Status" anerkannt, auch wenn ihr Hauptsitz außerhalb von Belgien liegt. Dieses Recht sieht vor, dass auch in Belgien jenes Recht für NGOs angewandt wird, welches in dem Land für NGOs gilt, in dem sie ihren Hauptsitz haben. Artikel 8 besagt, dass „[i]nternational associations with their registered office abroad which are governed by a foreign law [...] may in Belgium [...] exercise the rights accruing from their national status. It is not essential that the administration shall include at least one Belgian member" (Union of International Associations 2006b).[2]

In der Praxis bedeutet dies zum Beispiel, dass AMNESTY INTERNATIONAL - mit Hauptsitz in London - nach britischem Recht behandelt wird, während die INTERNATIONAL FÉDÉRATION DES DROITS DE L'HOMME, welche in Paris ihr internationales Büro hat, französische Bedingungen erfüllen muss. Obwohl dadurch vermieden wird, dass verschiedene nationale Branchen einer international fungierenden NGO unter unterschiedliche juristische Systeme fallen, bedeutet dies gleichwohl, dass sie unter einem nationalen Recht geführt werden, nicht unter einem internationalen.

Im Völkerrecht bemüht man sich seit langer Zeit um eine anerkannte Regelung zum NGO-Status. Insbesondere französische Völkerrechtler und Politikwissenschafter der Internationalen Beziehungen haben sich immer wieder um eine internationale Festlegung des NGO-Status bemüht. Erste Ansätze zur Verrechtlichung des NGO-Status im internationalen Bereich gab es bereits 1910 am *Institut de Droit* in Paris (Charnovitz 1997: 189). Trotz vielfacher weiterer Versuche konnte bisher allerdings keine umfassende und allseits anerkannte internationale rechtliche Grundlage für NGOs gefunden werden.

Auf europäischer Ebene hat man hat sich bislang nur im Rahmen des Europarats auf „Fundamental Principles on the Status of Non-Governmental Organisations in Europe" (Council of Europe 2002) einigen können.[3] Der rechtliche Status von NGOs ergibt sich

---

[2] Der Status von internationalen Vereinigungen unter belgischem Recht vom 25. Oktober 1919 war zuerst beschränkt auf internationale Vereinigungen mit ‚wissenschaftlicher Zielsetzung'. Diese Beschränkung wurde jedoch mit dem Gesetz vom 6. Dezember 1954 modifiziert. Der Status wurde auch auf internationale Vereinigungen mit ‚philanthropischer, religiöser, wissenschaftlicher, künstlerischer und erzieherischer Zielsetzung' ausgeweitet.

[3] Die „European Convention on the Recognition of the Legal Personality of International Non-Governmental Organizations" des Europarates von 1986 folgt der belgischen Auffassung hinsichtlich des Rechtstatus zu NGOs; somit anerkennen Unterzeichnerstaaten das jeweilige nationale Recht des Landes, in dem die NGO ihren Hauptsitz hat (Council of Europe 1986).

daher aus den tatsächlichen Praktiken und der Interaktion mit Staaten und internationalen zwischenstaatlichen Organisationen (siehe hierzu vor allem Lindblom 2001, auch Stoecker 2000) bzw. aus der Grundlage von internationalem Privatrecht (vgl. Blum 2002).

2.3.2 UNO-Status von NGOs

Seit 1996 regelt die UNO Resolution 1996/31 das Verhältnis zwischen NGOs und der UNO (siehe Infokasten 2-4). Als grundlegendes Kriterium für eine Zusammenarbeit gilt, dass eine NGO, die um den Konsultativstatus bei der UNO ansucht, mit den Prinzipien der UNO-Charta konform gehen und inhaltlich Themen behandeln muss, die in den Rahmen des *Economic and Social Council* der UNO (ECOSOC) oder einer anderen UNO-Organisation fallen. Je nach erwarteter Unterstützung klassifiziert die UNO NGOs in eine von drei Gruppen: mit allgemeinem Konsultativstatus (*general consultative status*), mit besonderem Konsultativstatus (*special consultative status*) und mit gelistetem Status (*roster*). Jede Statusgruppe verfügt über unterschiedliche Rechte und Pflichten (vgl. auch Kapitel 4).

NGOs müssen diverse organisatorische Kriterien erfüllen, um von der UNO anerkannt zu werden. Diese beinhalten einen Hauptsitz, ein ausführendes Organ mit einem Vorstand, eine demokratische Satzung (welche die Festlegung von Richtlinien durch ein repräsentatives Gremium sichert), eine Autoritätsperson, die über das Recht verfügt, für die Mitglieder sprechen zu können, und finanzielle Unabhängigkeit von staatlichen Organen. Des Weiteren verlangt die UNO von den NGOs die Erfüllung einiger weicher Kriterien, wie z.B. ‚internationales Ansehen', eine ‚unabhängige Steuerung' und ‚gewisse Repräsentativität'.

Infokasten 2-4: UNO Resolution 1996/31

PART I
PRINCIPLES TO BE APPLIED IN THE ESTABLISHMENT OF CONSULTATIVE RELATIONS

1.- The organization shall be concerned with matters falling within the competence of the Economic and Social Council and its subsidiary bodies.

2.- The aims and purposes of the organization shall be in conformity with the spirit, purposes and principles of the Charta of the United Nations.

3.- The organization shall undertake to support the work of the United Nations and to promote knowledge of its principles and activities, in accordance with its own aims and purposes and the nature and scope of its competence and activities.

4.- Except where expressly stated otherwise, the term "organization" shall refer to non-governmental organizations at the national, subregional, regional or international levels. (...)

9.- The organization shall be of recognized standing within the particular field of its competence or of a representative character. Where there exist a number of organizations with similar objectives, interests and basic views in a given field, they may, for the purposes of consultation with the Council, form a joint committee or other body authorized to carry on such consultation for the group as a whole.

10.- The organization shall have an established headquarters, with an executive officer. It shall have a democratically adopted constitution, a copy of which shall be deposited with the Secretary-General of the United Nations, and which shall provide for the determination of policy by a conference, congress or other representative body, and for an executive organ responsible to the policy-making body.

11.- The organization shall have authority to speak for its members through its authorized representatives. Evidence of this authority shall be presented, if requested.

12.- The organization shall have a representative structure and possess appropriate mechanisms of accountability to its members, who shall exercise effective control over its policies and actions through the exercise of voting rights or other appropriate democratic and transparent decision-making processes. Any such organization that is not established by a governmental entity or intergovernmental agreement shall be considered a nongovernmental organization for the purpose of these arrangements, including organizations that accept members designated by governmental authorities, provided that such membership does not interfere with the free expression of views of the organization.

13.-The basic resources of the organization shall be derived in the main part from contributions of the national affiliates or other components or from individual members. Where voluntary contributions have been received, their amounts and donors shall be faithfully revealed to the Council Committee on Non-Governmental Organizations. Where, however, the above criterion is not fulfilled and an organization is financed from other sources, it must explain to the satisfaction of the Committee its reasons for not meeting the requirements laid down in this paragraph. Any financial contribution or other support, direct or indirect, from a Government to the organization shall be openly declared to the Committee through the Secretary-General and fully recorded in the financial and other records of the organization and shall be devoted to purposes in accordance with the aims of the United Nations. (...)

15.- The granting, suspension and withdrawal of consultative status, as well as the interpretation of norms and decisions relating to this matter, are the prerogative of Member States exercised through the Economic and Social Council and its Committee on Non-Governmental Organizations. A non-governmental organization applying for general or special consultative status or a listing on the Roster shall have the opportunity to respond to any objections being raised in the Committee before the Committee takes its decision. (...)

Quelle: http://www.un.org/documents/ecosoc/res/1996/eres1996-31.htm

Im Jahre 1950 wurde mit der UNO Resolution 288(X) die erste Regelung des Konsultativstatus eingesetzt, die die bis dahin geltenden *ad hoc* Regelungen zur NGO-Konsultation ersetzte und ein abgestuftes System der NGO-Einbeziehung in das UNO-System einführte. Diese Resolution wurde 1968 überarbeitet und durch die UNO Resolution 1296 (XLIV) ersetzt, die das Verhältnis zwischen NGOs und der UNO für die folgenden knapp 30 Jahre geregelt hat. Mit der Neuregelung 1968 wurde auch eingeführt, dass NGOs ein Statement zu ihren finanziellen Ressourcen sowie alle vier Jahre einen kurzen Bericht über ihre Aktivitäten mit der UNO einzureichen haben. Im Zuge der zahlreichen NGO-Teilnahme an den Weltkonferenzen in der ersten Hälfte der 1990er Jahre wurden die Anerkennungskriterien zum Konsultativstatus erneut überarbeitet. Die 1996 eingeführte Resolution 1996/31 lässt nun zu, dass sich auch national organisierte und tätige NGOs um den Konsultativstatus bewerben können.

Der Status bzw. die Verleihung eines Status durch die UNO ist abhängig von Tätigkeitsradius und Repräsentativität der NGO. Der *allgemeine Status* wird an jene Organisationen vergeben, die sich zu großen Teilen mit ähnlichen Aktivitäten wie der ECOSOC beschäftigen und von denen anhaltende Unterstützung zur Erreichung der UNO-Ziele erwartet wird. NGOs mit allgemeinem Status sollen größere Gruppen der Gesellschaft in vielen verschiedenen Ländern und in unterschiedlichen Teilen der Welt repräsentieren. Die Rechte und Privilegien dieses Status' sind die weitest reichenden der drei Kategorien. NGOs mit diesem Status haben das Recht, Treffen des ECOSOC und seiner untergeordneten Gremien beizuwohnen, Reden zu halten und schriftliche Stellungnahmen von bis zu 2000 Worten zu verteilen. Sie können auch Vorschläge für die vorläufige Tagesordnung von ECOSOC oder seinen ausführenden Gremien machen.

Infokasten 2-5: Spezifische Privilegien des Konsultativstatus

Allgemeiner Status	Besonderer Status	Listen-NGOs (Roster)
Dürfen das Sekretariat zu Fragen in ihrem Aktivitätsgebiet konsultieren	Dürfen das Sekretariat zu Fragen in ihrem Aktivitätsgebiet konsultieren	Dürfen das Sekretariat zu Fragen in ihrem Aktivitätsgebiet konsultieren
Werden zu UNO-Konferenzen eingeladen	Werden zu UNO-Konferenzen eingeladen	Werden zu UNO-Konferenzen eingeladen
Repräsentanten der NGO dürfen an Sitzungen des ECOSOC und seiner Unterorganisationen teilnehmen	Repräsentanten der NGO dürfen an Sitzungen des ECOSOC und seiner Unterorganisationen teilnehmen	Repräsentanten der NGO dürfen an Sitzungen des ECOSOC und seiner Unterorganisationen teilnehmen
Haben das Recht, Tagesordnungspunktes des ECOSOC vorzuschlagen		
Dürfen mündliche Stellungnahmen abgeben		
Dürfen schriftliche Stellungnahmen abgeben (2000 Wörter)	Dürfen schriftliche Stellungnahmen abgeben (1500 Wörter)	Dürfen schriftliche Stellungnahmen abgeben (auf Einladung, 500 Wörter)
Müssen alle vier Jahre einen Bericht über ihre Zusammenarbeit mit der UNO abliefern	Müssen alle vier Jahre einen Bericht über ihre Zusammenarbeit mit der UNO abliefern	

Der *besondere Status* bezieht sich auf Organisationen mit einem kleineren Aktivitätsspektrum. Er ist größtenteils dem allgemeinen Status ähnlich, auch wenn die Organisationen dieses Status' weder Vorschläge für die Tagesordnung machen, noch in der Regel auf TREFFEN des ECOSOC Reden halten dürfen und ihre schriftlichen Stellungnahmen auf 1500 Worte begrenzt sind. Organisationen, die die Kriterien für den allgemeinen und besonderen Status nicht erfüllen, aber von denen die UNO dennoch eine positive Zusammenarbeit erwartet, werden auf einer Liste (*roster*) festgehalten. Solche *gelisteten NGOs* können nur Veranstaltungen besuchen, die ihr Tätigkeitsfeld betreffen und werden allein auf Anfrage des ECOSOC oder seinen untergeordneten Gremien zu Rate gezogen. Um schriftliche Stellungnahmen von maximal 500 erlaubten Wörtern abzugeben, benötigen Listen-NGOs eine explizite Einladung (siehe Infokasten 2-5).

2.3.3 UIA-Kriterien

Für international agierende NGOs hat einzig die UNION OF INTERNATIONAL ASSOCIATIONS (UIA) einen Katalog von NGO-Kriterien erstellt, der weltweit von der Wissenschaft und in der Praxis genutzt wird (siehe Infokasten 2-6). Die UIA wurde 1907 selbst als NGO gegründet und hat ihren Sitz in Brüssel. Ihre Zielsetzung ist es, alle internationalen Organisationen - seien sie zwischenstaatlicher oder nichtstaatlicher Natur - zu erfassen und zu dokumentieren. Die UIA verfügt über den weltweit größten Datensatz zu internationalen Organisationen, der vor allem in dem jährlich erscheinenden *Yearbook of International Organizations* (vgl. NGO Plattformen und Netzwerke im Anhang) verarbeitet, ausgewertet und aktualisiert wird. Die UIA könnte daher als ‚NGO der NGOs' verstanden werden.

Infokasten 2-6: UIA-Kriterien

Non-Governmental Organisations

1. "Aims" The aims must be genuinely international in character, with the intention to cover operations in at least three countries. Hence such bodies as the International Action Committee for Safeguarding the Nubian Monuments or the Anglo-Swedish Society are excluded. Societies devoted solely to commemorating particular individuals are therefore likewise ineligible, even if they have made major contributions to the international community.

2. "Members" There must be individual or collective participation, with full voting rights, from at least three countries. Membership must be open to any appropriately qualified individual or entity in the organization's area of operations. Closed groups are therefore excluded, although the situation becomes ambiguous when only one member is allowed per country by the organization, thus effectively closing the organization to other qualified groups in that country. Voting power must be such that no one national group can control the organization. National organizations which accept foreigners as members are therefore excluded, as are religious orders or communities governed on a hierarchical basis, and also informal social movements.

3. "Structure" The Constitution must provide for a formal structure giving members the right periodically to elect a governing body and officers. There must be permanent headquarters and provision made for continuity of operation. Hence the exclusion of ad hoc committees or the organizing committee of a single international meeting, though standing committees which link a series of meetings are eligible.

4. "Officers" The fact that for a period the officers are all of the same nationality, to facilitate management operations, does not necessarily disqualify the organization, but in this case there should be rotation at designated intervals of headquarters and officers among the various member countries.

5. "Finance" Substantial contributions to the budget must come from at least three countries. Hence the exclusion of the many "international" unions and societies operating in North America on budgets derived almost wholly from the United States members. There must be no attempt to make profits for distribution to members. This does not exclude organizations which exist in order to help members themselves to make more profits or better their economic situation (eg trade unions or trade associations); but it does exclude international business enterprises, investment houses or cartels. The distinction between a trade association and a cartel is often unclear; in practice the external relations of the body are used as a guideline.

6. "Relations with other organizations" Entities formally connected with another organization are not necessarily excluded, but there must be evidence that they lead an independent life and elect their own officers. Internal or subsidiary committees, appointed by and reporting to one of the structural units of a given organization, are excluded.

7. "Activities" Evidence of current activity must be available; organizations which appear to have been inactive for over four years are eventually treated as "dissolved" or "dormant".

8. "Other criteria" No stipulations are made as to size or "importance", whether in terms of number of members, degree of activity or financial strength. No organizations are excluded on political or ideological grounds, nor are fields of interest or activity taken into consideration. The geographical location of the headquarters and the terminology used in the organization's name (whether "committee", "council", etc) have likewise been held to be irrelevant in the determination of eligibility.

Quelle: Union of International Associations (2006a);
http://www.uia.org/organizations/orgtypes/orgtyped.php

UIA-Kriterien zu NGOs richten sich - ähnlich wie die voran dargestellten Kriterien - nach Zielsetzung, Mitgliedschaft, Organisationsstrukturen, Repräsentativitätsmechanismen sowie Finanzierung der Organisation. Im Unterschied zu anderen NGO-Richtlinien und Kriterienkatalogen hat die UIA ein vergleichsweise rigides NGO-Verständnis aufgesetzt. So versteht die UIA unter NGOs in erster Linie international operierende Organisationen, deren Mitglieder aus mindestens drei verschiedenen Ländern kommen müssen. Ihre Finanzierung muss ebenfalls aus mindestens drei Ländern gesichert sein. Die UIA hatte diese präzisen Kriterien insbesondere deshalb aufgestellt, weil sich die erste UNO Resolution 288(X) hinsichtlich einer Definition von NGOs als ungenügend und zu vage herausstellte. Aufgrund ihrer strengen NGO-Definition fallen viele Organisationen, die heute ebenfalls als NGOs gelten, aus dem Raster der UIA. So sind zum Beispiel viele nordamerikanische NGOs nicht in dieser Definition eingeschlossen, weil sie ausschließlich aus US-amerikanischen Quellen finanziert werden.

2.4 Nichtstaatlichkeit von NGOs

Trotz vermeintlicher Über-Typologisierung lässt sich eine wichtige primäre Unterscheidung treffen zwischen NGOs, die genuin privater Natur sind, und NGOs, die auch staatliche Anteile beinhalten. Entscheidende Kriterien sind hierbei Mitgliedschaft, Finanzierung und Entstehung der NGOs. Nach diesen Kriterien bemisst sich der ‚Grad der Nichtstaatlichkeit', anhand dessen wiederum zwei Formen von genuinen NGOs (transnationale soziale Bewegungsorganisationen bzw. internationale Interessenorganisationen) und zwei Formen von ‚NGO-Abweichlern' (QUANGOs bzw. GONGOs) unterschieden werden können.

2.4.1 Genuine NGOs

Genuine oder originäre NGOs sind demnach NGOs, deren Entstehungsgeschichte, Finanzierung und Mitgliedschaft ausschließlich durch Privatpersonen geprägt ist. D.h. die Mitglieder solcher NGOs sind Individuen oder nationale Branchen, die wiederum nur aus Privatpersonen bestehen. Sie tragen sich allein aus eigenen Mitteln (Mitgliedsbeiträge oder private Spenden) und nehmen keine öffentlichen Gelder an. Sie sind aufgrund zivilgesellschaftlicher Initiative entstanden und nicht durch staatliche Aktivität oder staatlichen Anreiz. Im internationalen Raum lassen sich innerhalb dieser Gruppe der genuinen NGOs vor allem zwei Typen erkennen: transnationale soziale Bewegungsorganisationen und internationale Interessenorganisationen.

Transnationale soziale Bewegungsorganisationen (TSMOs) sind NGOs, die sich international engagieren, um progressiven Wandel in den Gesellschaften herbeizuführen (siehe auch Infokasten 2-7). Sie streben danach, den Status quo zu verändern (Kriesberg 1997: 12) und nicht in erster Linie danach, die Interessen ihrer Mitglieder zu vertreten. TSMOs sind daher in der Regel allen Privatpersonen zugänglich. Die Mitglieder teilen gleiche oder ähnliche Ansichten bezüglich Normen, Arten der Interaktion und Einflussnahme sowie vergleichbare thematische Ziele. Sie besitzen eine formale Struktur und koordinieren ihr Vorgehen durch internationale Büros. Der Begriff der TSMO orientiert sich an dem Modell der sozialen Bewegungsorganisationen, wie es für national operierende Organisationen angewandt wird. Meyer und Tarrow (1998: 4) definieren soziale Bewegungen als „kollektive Herausforderungen für bestehende Machtverhältnisse und –verteilungen durch Menschen mit gleicher Absicht und Solidarität in nachhaltiger Zusammenarbeit mit Eliten, Gegnern und Autoritätspersonen" (Übersetzung KM). TSMOs sind somit aus dem gesellschaftlichen Engagement heraus entstanden, um ihren Unmut gegenüber dem Staat auszudrücken bzw. staatliche Defizite auszugleichen.

Diese Organisationen werden als transnational bezeichnet, weil sie ihre Aktivitäten unabhängig von Ländergrenzen betreiben. Daher ist auf globaler Ebene auch der Großteil dieser Organisationen durch ein übergeordnetes Büro organisiert, das für alle nationalen Branchen richtungsweisend ist. Prototypen von TSMOs finden sich u.a. in den Bereichen Menschenrechte (AMNESTY INTERNATIONAL, HUMAN RIGHTS WATCH), Umwelt (GREENPEACE, WWF) und Entwicklung bzw. humanitäre Hilfe (THIRD WORLD NETWORK, ÄRZTE OHNE GRENZEN).

Internationale Interessenorganisationen dagegen sind Organisationen, die primär die Interessen ihrer Mitglieder im internationalen Bereich vertreten. Insbesondere berufsbezogene und viele spezifisch-technische Organisationen des Nonprofit-Sektors (siehe

3-Sektoren-Modell in Kapitel 1) können der Gruppe zugerechnet werden. Ein gutes Beispiel für diesen Ausschnitt des Organisationssegments sind internationale Verbände wie Gewerkschaften. Ob diese Organisationen dem engeren Segment der NGOs zuzurechnen sind, bleibt strittig, da die Mitgliedschaft in internationalen Interessenorganisationen häufig eingeschränkt ist; nur gewisse Professionen oder Teile der Gesellschaft haben zur jeweiligen Organisation Zugang. Ebenso kommen viele Errungenschaften in erster Linie den Mitgliedern unmittelbar zugute.

Infokasten 2-7: Progressivität in sozialen Bewegungsorganisationen TSMO

TSMOs zielen mit ihrem Engagement darauf ab, *progressiven Wandel* herbeizuführen. Ein Blick auf die Entwicklungsgeschichte von TSMOs verdeutlicht, was mit Progressivität gemeint ist: Im 18. und 19. Jahrhundert haben soziale Bewegungen ausgehend von Ideen einzelner Aktivisten beispielsweise folgende Anliegen vertreten:

⇨ die Verbesserung der humanitären Lebensbedingungen von Menschen,
⇨ die Ächtung der Ausbeutung von Menschen durch Unternehmer,
⇨ die katastrophalen humanitären Folgen kriegerischer Auseinandersetzungen.

TSMOs haben Ideen proklamiert, die sie im alltäglichen Leben nicht gewahrt sahen und die vom Staat nicht auf die politische Agenda gesetzt wurden. Ihre Proteste gegen Akteure des Staates und der Wirtschaft zielten auf Veränderungen ab, die beispielsweise mehr Rechte für Bürgerinnen und Bürger, auch für Minderheiten, bessere Arbeitsbedingungen in Wirtschaftsprozessen sowie menschenwürdige Bedingungen für Kriegsverletzte und –gefangene einforderten.

Allerdings gibt es immer wieder Grenzfälle und Organisationen, die mit guten Gründen beiden Organisationstypen zugeordnet werden können. Auch Gruppierungen, die nur einen Sektor der Gesellschaft vertreten, passen in diese Kategorie. Sofern man entsprechende Organisationen den NGOs zurechnet, fallen darunter internationale Gewerkschaftsverbände und Organisationen zur Wirtschaftsförderung, so genannte *business NGOs* wie die Internationale Handelskammer. Ein Teil der Wissenschaft (vgl. Heins 2002) kommt jedoch in ihrer Begriffsbestimmung zu dem Schluss, dass das NGO-Etikett nur denjenigen Organisationen vorbehalten sein sollte, die eben nicht die unmittelbaren Interessen ihrer Mitglieder vertreten. Das NGO-Etikett zielt demnach auf solche Organisationen, die sich uneigennützig und über Grenzen hinweg engagieren.

Ein anderer Teil der akademischen Diskussion verläuft nachvollziehbar in eine andere Richtung: Der Begriff der ‚Interessengruppen' ist vor allem in älteren Werken häufig in Bezug auf NGOs in seinem wörtlichen Sinne angewandt worden, da sie ein spezielles Interesse vertreten (vgl. Feraru 1974; Meynaud 1961). Im nationalen Kontext wird der Begriff der Interessengruppen allerdings zumeist für ökonomische Organisationen und Gewerkschaften im Zusammenhang mit der korporatistischen Interessenvermittlung verwendet. Daher haben im internationalen Bereich Begriffe wie zum Beispiel ‚korporative' Gruppen (Gounelle 1996) oder ‚sektorale Gruppen' (Willetts 1982) Eingang gefunden. Steiner (1991: 72) hingegen argumentiert, dass NGOs wie Interessengruppen agieren und sich nicht von traditionellen Interessengruppen unterscheiden, weil sie wie diese Klienten haben, Druck auf offizielle Akteure ausüben und im Sinne ihrer Mitglieder gesellschaftspolitische Anwaltschaft übernehmen.

2.4.2 NGO-Abweichler

‚NGO-Abweichler' sind hingegen NGO-Typen, die nicht der Beschreibung genuiner NGOs entsprechen oder diese nur zum Teil erfüllen können. Sie haben auch staatliche Mitglieder bzw. sind aufgrund staatlicher Initiative gegründet worden und werden sogar vollständig oder zu großen Teilen von staatlicher Seite finanziert. Hierbei lassen sich diverse Typen unterscheiden, die sich jedoch in zwei Hauptgruppen kategorisieren lassen: QUANGOs und GONGOs.

QUANGOs (quasi-NGOs) sind hybride Organisationen, die neben Privatpersonen und nationalen Branchen der NGO auch Staaten oder staatliche Stellen als Mitglieder zulassen. Darüber hinaus werden viele QUANGOs zu großen Teilen aus öffentlichen Mitteln finanziert. Teilweise entstehen durch diese staatliche Finanzierung derartige Abhängigkeiten, dass sich die Organisationen häufig nicht mehr aus Mitgliedsbeiträgen oder privaten Spenden selbstständig tragen könnten. Trotz eines staatlichen Anteils werden QUANGOs meistens der Gruppe der NGOs zugerechnet, da sie ihre Aktivitäten unabhängig von staatlicher Intervention durchführen. Allerdings bleibt dieses Kriterium ungenau, denn in manchen Fällen ist der Unterschied zwischen inhaltlicher Eigenständigkeit und bloßer staatlicher Instrumentalisierung schwer zu differenzieren. Diese Gratwanderung hat manche Beobachterinnen und Beobachter der NGO-Szene gerade in letzter Zeit veranlasst, QUANGOs von der ‚puren' NGO-Definition auszuschließen (Clarke 1998: 37).

Viele nordamerikanische, kanadische und skandinavische NGOs müssen als QUANGOs betrachtet werden, da sie zu größeren Teilen aus öffentlichen Kassen finanziert sind. Manche dieser NGOs haben auch Aufgaben übernommen, die zuvor staatliche Stellen ausgeführt haben. Prominentestes Beispiel einer QUANGO ist das INTERNATIONALE KOMITEE DES ROTEN KREUZES (IKRK). Aus dem Umweltbereich ist die INTERNATIONAL UNION FOR THE CONSERVATION OF NATURE (IUCN) zu nennen; auch der INTERNATIONAL COUNCIL OF SCIENTIFIC UNIONS (ICSU) oder die INTERNATIONAL ORGANISATION FOR STANDARDISATION sind nach dieser Auslegung QUANGOs.

GONGOs (Government Organised NGOs) sind aufgrund staatlicher Initiative entstanden und erhalten den Großteil ihrer finanziellen Mittel durch staatliche Instanzen. GONGOs werden generell nicht als NGOs betrachtet, weil sie lediglich im Hinblick auf ihren juristischen Status als private Organisation noch nichtstaatlichen Charakter haben. GONGOs führen vielmehr staatliche Instruktionen aus und sind staatlicher Autorität unterstellt. Auch

Genossenschaften werden den GONGOs zugerechnet (Bruckmeier 1997: 135).

Vor allem während des Kalten Krieges wurden GONGOs vielfach genutzt, um staatlichen Positionen auf dem indirekten Weg über vermeintliche ‚NGOs' noch mehr Gewicht zu verleihen (von Weiss 1980). Viele osteuropäische Organisationen verdankten ihre Gründung und vollständige Finanzierung den kommunistischen Regierungen des damaligen Sowjetblocks bzw. autoritären Regierungen der Dritten Welt. In den USA wurden viele Organisationen vor allem für administrative Zwecke genutzt (Gordenker/Weiss 1996: 21). Heute sind GONGOs vor allem in der Entwicklungshilfe anzutreffen.[4]

2.5 Grenzüberschreitende Zusammensetzung von NGOs

International agierende NGOs können nach der Zusammensetzung ihrer nationalen Komponenten unterschieden werden. Idealtypisch nehmen NGOs eine von zwei unterschiedlichen Formen an (Young 1991: 10): Sie sind entweder föderativ zusammengeschlossen oder zentralistisch aufgebaut. Im ersten Fall schließen sich voneinander unabhängige, nationale NGOs mit ähnlichen Zielen zu einem lockeren Verbund zusammen, um ihre Ideen auf internationaler Ebene besser zu vertreten (*bottom up*-Prinzip). Im zweiten Fall werden die politischen Aktivitäten der nationalen Sektionen von einem internationalen Sekretariat aus geleitet (*top down*-Prinzip).

---

[4] Als Untergruppe der GONGOs können *GANGOs (Government Appointed NGOs)* gesehen werden. Sie sind Organisationen, die für einen spezifischen Zweck durch die entsprechende Regierung gebildet worden sind. Vor allem im Kontext von internationalen Konferenzen und Treffen mit NGO-Beteiligung sind GANGOs anzutreffen. So erklärte zum Beispiel China im Vorfeld der Wiener Menschenrechtskonferenz 1993 einzelne Parteiorgane zu NGOs. Auch manche kubanische und nigerianische NGOs, die an dieser Konferenz teilgenommen haben, wurden verdächtigt, GANGOs gewesen zu sein, da sie im Sinne ihrer Regierungen Lobbyarbeit durchführten (Wiseberg 1993: 24).

2.5.1 Föderative NGOs (bottom up-Prinzip)

Föderative NGOs dienen der lockeren Koordination unterschiedlicher nationaler Organisationen auf internationaler Ebene. Sie fungieren als Dachverbände für einzelne nationale Zweige (White 1933: 30-31). In der Regel umfassen solche internationalen Verbünde oder Netzwerke verschiedene nationale Organisationen, die ähnliche Ziele haben und eine internationale Repräsentation wünschen, um ihre Anliegen besser vertreten zu können. Ziel dieser Zusammenschlüsse ist es, eine Art Plattform zu schaffen, welche den Austausch zwischen den verschiedenen nationalen Zweigen erleichtert.

Föderative NGOs haben eine dezentralisierte Struktur, damit eine Vielfalt unterschiedlicher nationaler Organisationen innerhalb eines internationalen Dachverbandes erfasst werden kann. Entscheidungen bleiben in den Händen der nationalen Organisationen, da sich die einzelnen Zweige ihre Unabhängigkeit gegenüber dem Dachverband in der Regel erhalten (Young 1991: 26). Föderative NGOs führen meist nur ein kleines internationales Sekretariat, dessen Aufgabe es ist, die Kommunikation und Kooperation zwischen den einzelnen Mitgliedsorganisationen zu koordinieren. Da der föderative NGO-Typ von der Zustimmung seiner nationalen Zweige abhängt, wird dieser Zusammenschluss allgemein als vergleichsweise locker eingestuft.

Oft gibt es auch historische Gründe für die Entstehung internationaler föderativer NGOs. Viele von ihnen waren zunächst auf nationaler Ebene gegründet worden und agierten parallel zueinander in verschiedenen Ländern aufgrund unzureichender Möglichkeiten, eine dauerhafte internationale Kooperation und Koordination aufzubauen. Diese einzelnen nationalen NGOs schlossen sich erst viele Jahre oder Jahrzehnte später in Dachverbänden zusammen, als sich technische und finanzielle Möglichkeiten der internationalen Interaktion verbessert hatten.

Im Bereich der Menschenrechte ist die FÉDÉRATION INTERNATIONALE DES DROITS DE L'HOMME Beispiel einer föderativen NGO (Martens 2005a: 36ff). Einzelne nationale Organisationen wurden in verschiedenen europäischen Ländern um 1900 gegründet (Wiseberg/Scoble 1977: 292), während der Zusammenschluss zu einer internationalen Föderation erst 1922 stattfand. Ursprünglich umfasste ihre Föderation nur zwölf nationale Organisationen; heute ist die Zahl auf 115 Mitglieder angestiegen.

Viele moderne Organisationen entscheiden sich bewusst für eine föderative Struktur. Für manche international agierende NGOs ist ein föderativer Verbund attraktiv, da nationale Organisationen die Möglichkeit haben, die Vernetzung und Koordinierungsleistung des gemeinsamen Dachverbandes zu nutzen, aber weiterhin autonom, wenn auch abgestimmt auf die jeweilige Situation zu handeln. Föderative NGOs formulieren deshalb oft eher allgemeine Zielsetzungen, als sich sehr spezialisierten Themengebieten zu widmen. Nur so können sie die vielfältigen Stimmen ihrer Mitgliedsorganisationen mit einschließen.

Auch in Feldern, in denen nationale Anliegen eine große Rolle spielen, wie zum Beispiel die Wahrung kultureller Eigenständigkeit, passen sich viele NGOs eher dem international-föderativen Typ der grenzüberschreitenden Organisation als dem zentralistischen Typ an. Viele bekannte NGOs haben eine föderative Struktur. OXFAM INTERNATIONAL, INTERNATIONAL FEDERATION TERRE DES HOMMES und FRIENDS OF THE EARTH INTERNATIONAL sind typische Beispiele für föderative NGOs, in denen sich unabhängige, nationale NGOs in einem internationalen Dachverband zusammengeschlossen haben (Smith/Pagnucco/Romeril 1994: 135-136; Brand u.a. 2000: 127).

Auf internationaler Ebene können solche Föderationen eine wichtige Rolle spielen. Von besonderer Bedeutung ist die Möglichkeit für die nationalen Mitgliedsorganisationen, durch ihren grenzüberschreitenden Dachverband auf internationaler Ebene präsent zu sein. Da beispielsweise vor 1996 nur internationale NGOs eine Akkreditierung bei der UNO beantragen konnten, gelang es nationalen NGOs, indem sie einem internationalen Dachverband beitraten, eine Zusammenarbeit mit der UNO zu etablieren, die ihnen sonst verschlossen geblieben wäre. Darüber hinaus wird die Kommunikation zwischen den einzelnen nationalen Organisationen für die Erarbeitung eines gemeinsamen internationalen Programms koordiniert.

2.5.2 Zentralistische NGOs (top down-Prinzip)

Zentralistische NGOs besitzen eine uniforme Struktur für transnationale Aktivitäten. Charakteristisch für zentralistische NGOs ist eine strukturell vereinheitlichende, gemeinsame Satzung. Nationale Sektionen sind normalerweise eng mit der transnationalen Körperschaft verbunden und teilen meist ein gemeinsames Leitbild. In der Regel tragen alle Sektionen den gleichen Namen und identifizieren sich dadurch mit der transnationalen Körperschaft.

Zentralistische NGOs haben meist ein leistungsfähiges internationales Sekretariat, welches die nationalen NGO-Sektionen führt und die gemeinsame Politik als Ganzes festlegt. Darüber hinaus übt es eine gewisse Kontrollfunktion aus, um die Qualität der gemeinsamen Arbeit zu sichern. Zentralistische NGOs besitzen normalerweise hierarchische Strukturen und eine ausgefeilte Arbeitsteilung (Thränhardt 1992: 226). Daher verfügen sie über spezifischere Zielsetzungen und Aufgabenbereiche als föderative NGOs. In ihrem internationalen Sekretariat beschäftigen zentralistische NGOs oft Experten oder Spezialistinnen für besondere Aufgabenbereiche, die unabhängig von nationalen Sektionen arbeiten.

Darüber hinaus weisen zentralistische NGOs eine einheitliche Struktur auf. Nationale Sektionen müssen, obwohl sie in ihren alltäglichen Funktionen unabhängig vorgehen, ihre Arbeit mit dem internationalen Sekretariat abstimmen und können ohne dessen Zustimmung weder Projekte initiieren noch ausführen. Nationale Sektionen erhalten manchmal auch Aufgaben oder Aufgabenanweisungen von ihrem internationalen Sekretariat, welche sie ausführen, beispielsweise als Spendensammler (Schmitz 2001: 9).

Im Gegensatz zum föderativen NGO-Typ agierten nationale Sektionen zentralistischer NGOs in der Regel nicht unabhängig voneinander in verschiedenen Ländern. Viele zentralistische NGOs sind von einer einzelnen Person oder einer Gruppe von Personen entweder gleich transnational aufgebaut worden oder es wurde zunächst eine Organisation in einem Land ins Leben gerufen und über die Jahre wurden in anderen Ländern neue nationale Organisationen aufgebaut, die nach dem Beispiel ihrer ‚Mutterorganisation' geformt wurden.

Aufgrund ihres gemeinsamen Ansatzes auf globaler Ebene bezeichnet Thränhardt (1992: 226) diesen NGO-Typ als Organisation mit einer *corporate identity*. Viele prominente NGOs passen in diese Kategorie: z.B. AMNESTY INTERNATIONAL, HUMAN RIGHTS WATCH und GREENPEACE INTERNATIONAL (Smith/Pagnucco/Romeril 1994: 135-136; Martens 2005a: 33ff.). Zentralistische NGOs unterscheiden sich jedoch auch im Grad ihrer Zentralität. Zum Beispiel haben sich manche NGOs erst nach und nach in Richtung einer moderaten zentralistischen Struktur bewegt, wie z.B. CARE INTERNATIONAL, wo sich seit den 1980er Jahren eine zentralistischere Struktur entwickelt hat. Ähnlich hat auch die INTERNATIONAL SAVE THE CHILDREN ALLIANCE über die Jahre eine zentralistischere Struktur zwischen ihren Mitgliedsorganisationen aufgebaut (Lindenberg/Bryant 2001: 142).

Zentralistische NGOs können auf internationaler Ebene eine wichtige Rolle spielen. Da das internationale Sekretariat die nationalen Sektionen führt und deren Politik entwirft, hat es auch die Kompetenz, das gemeinsame internationale Programm der NGO zu steuern. Darüber hinaus können zentralistische NGOs eine starke Präsenz auf internationaler Ebene aufbauen und viele Mitglieder zu gemeinsamen Aktionen mobilisieren. Aufgrund dessen haben zentralistische NGOs meist sorgfältig ausgearbeitete Strategien und vielfältige Wege, um sich ihre internationale Präsenz zu sichern.

2.6 NGOs, die (un)bekannten Wesen?

Die Begriffsdiskussion in diesem Kapitel hat gezeigt, dass es keine einheitlich anerkannte Auslegung des Terminus NGO gibt. Dennoch lassen sich Charakteristika aufzählen, die für eine Einordnung von NGOs - auch wenn sie nicht allseits geteilt werden - wichtig sind und für die weiteren Ausführungen als begriffliche Grundlage dienen. Die wichtigsten Dimensionen umfassen Zielsetzung der NGO, Unabhängigkeit, Aktionsradius und Mitgliedschaft.

Idealtypisch lässt sich feststellen: NGOs sind *formale (professionalisierte), unabhängige gesellschaftliche Akteure, deren*

Ziel es ist, progressiven Wandel und soziale Anliegen auf der nationalen oder der internationalen Ebene zu fördern. NGOs sind *gesellschaftliche Akteure*, weil ihre Mitglieder Einzelpersonen sind bzw. die lokalen, regionalen oder nationalen Branchen einer NGO wiederum aus Einzelpersonen bestehen. NGOs haben in der Regel keine staatlichen Mitglieder, wie z.B. Regierungen, Regierungsvertreter oder Regierungsinstitutionen. NGOs wollen *progressiven Wandel* voranbringen, weil sie sich für soziale, ökologische und gesellschaftspolitische Anliegen einsetzen, die nicht ausschließlich ihren Mitgliedern zugute kommen. NGOs sind *unabhängig*, weil sie hauptsächlich durch Mitgliederbeiträge und Spenden finanziert werden, obgleich sie auch z.T. finanzielle Unterstützung von staatlichen Einrichtungen erhalten können – solange sie nicht in deren Abhängigkeit geraten. Sie können *professionalisierte* Akteure sein, weil sie auch einen hauptamtlichen und somit bezahlten Mitarbeiterstab beschäftigen, der z.T. hoch qualifiziert ist. Sie sind *formale Organisationen*, weil sie über einen Hauptsitz verfügen, Personal und einen anerkannten Status in einem Staat haben. Viele NGOs sind heute im nationalen Rahmen tätig; *internationale* NGOs bestehen aus Mitgliedern aus mehreren Staaten oder aus nationalen NGOs, die in mehreren Staaten aktiv sind.

3 *Inside* NGOs - Geschichte, Funktionen und Professionalisierung

Seit wann gibt es NGOs? Welche Funktionen üben sie aus? Und welche Entwicklung haben sie durchlaufen? NGOs werden häufig als ein Phänomen der Postmoderne betrachtet, doch organisierte gesellschaftliche Akteure sind bereits seit langem aktiv. Dieses Kapitel arbeitet daher die Organisationsentwicklung von NGOs genauer auf. Im ersten Teil wird die Entwicklungsgeschichte von NGOs skizziert und aufgezeigt, dass sie ihre Wurzeln in den sozialen Bewegungen haben. Dieser Beschreibung folgt im nächsten Schritt ein Blick auf die wichtigsten Aspekte der Organisationsentwicklung und der Ausbildung von NGO-Profilen. Die Professionalisierung, die den NGO-Bereich seit etwa 10 bis 15 Jahren erfasst hat, und die damit verbundenen Folgen für ihre Organisationsstrukturen hinsichtlich Ehrenamt, Hauptamt und Personalmanagement stehen im Mittelpunkt der Darstellung im dritten Teil des Kapitels. Abschließend werden die Konsequenzen für NGOs aufgezeigt, die sich aus dem Professionalisierungsprozess ergeben.

3.1 Organisationsgeschichte

Obwohl NGOs vor allem seit den 1990er Jahren ins Rampenlicht der politischen Weltbühne gerückt sind, stellen sie keine neuartigen Akteure dar; vielmehr existieren sie seit mehr als zwei Jahrhunderten: Mit dem ausgehenden 18. Jahrhundert bilden sich die ersten Organisationen auf nationaler Ebene (Heins 2002: 48ff). Menschen mit ähnlichen Motiven schlossen sich zusammen, um ihren - vor allem sozialen und humanitären - Anliegen durch vereinte Kräfte mehr Gewicht zu verleihen. Oftmals entstanden Organisationen auch durch das Engagement einzelner Aktivisten, die ein Defizit in der Gesellschaft auszugleichen versuchten. Viele dieser NGOs existieren noch heute und sind somit (erheblich) älter als so mancher Staat.

Insbesondere Veränderungen der sozialen, politischen und ökonomischen Strukturen, begleitet von demokratischen und industriellen Revolutionen, führten zu verstärktem gesellschaftlichen Engagement und der Formation von nationalen und internationalen Organisationen. Diese breiteten sich über Nordamerika und Europa aus. Auch logistische und technische Verbesserungen trugen im Laufe der Zeit zur überregionalen und internationalen Vernetzung bei. Zum Beispiel wurde der internationale Postverkehr durch zwischenstaatliche Abkommen sowohl verbessert als auch beschleunigt; gleichzeitig vermehrten sich telegraphische Verbindungen und ermöglichten eine einfachere Kommunikation. Weitere technische Errungenschaften von der ersten transatlantischen Telefonleitung bis hin zur heutigen computergestützten Kommunikation haben immer wieder schubweise Fortschritte im NGO-Sektor ermöglicht.

Zu Beginn des 19. Jahrhunderts formierten sich auch die ersten internationalen NGOs. Zunächst bildeten sich vor allem föderative Verbünde, die einzelne nationale NGOs in so genannte *umbrella organisations,* also internationale Dachorganisationen, eingliederten und diese dort koordinierten. Manche dieser internationalen NGOs nahmen bereits tatkräftig am politischen Geschehen teil, indem sie auf internationalen Konferenzen aktiv wurden. Häufig waren sie auch Vorreiter einer (zwischen)staatlichen Institution oder Advokaten von Abkommen im transnationalen Politikraum. So trug die Initiative des ROTEN KREUZES zum Schutz von Kriegsverletzten zur Institutionalisierung des Kriegsrechtes bei (Vilain 2002). Viele NGOs waren auch in der Vorgängerorganisation der UNO, dem Völkerbund, integriert und nahmen regelmäßig an den Sitzungen der Versammlung oder der Ausschüsse teil (vgl. Kapitel 4).

Infokasten 3-1: Historische Wurzeln und frühe „NGOs"

Aufgrund der heutigen Popularität wird in manchen Studien die Geschichte von NGOs bis ins Mittelalter zurückverfolgt. Dort wird argumentiert, dass kirchliche und wirtschaftliche Gruppen dieser Epoche bereits als NGOs bezeichnet werden können. Vor allem werden christliche Orden, insbesondere der Rosenkranzorden (seit dem 17. Jahrhundert) als NGO benannt (vgl. Skjelsbaek 1971: 424). Vereinzelt wird sogar argumentiert, dass die römisch-katholische Kirche seit dem 4. Jahrhundert als NGO gelten könnte (Czempiel 1981: 164; Stoecker 2000); andere sprechen sich für eine Interpretation des Bundes der Hanse als einer NGO der Kaufleute aus (Bettati/Dupuy 1986). Der Großteil neuerer NGO-Studien hingegen interpretiert religiöse Gruppen und kommerzielle Vereinigungen des Mittelalters lediglich als Vorläufer des modernen NGO-Typus (zusammenfassend hierzu Charnovitz 1997).

Zu den ersten international agierenden NGOs werden weitläufig gezählt: die ANTI-SKLAVEREI-GESELLSCHAFT (1823), die EVANGELISCHE WELTGESELLSCHAFT (1846), der WELTVERBUND DER VEREINIGUNG CHRISTLICHER MÄNNER (1855), das INTERNATIONALE KOMITEE DES ROTEN KREUZES (1863), die ARBEITERVEREINIGUNG (1864), die GESELLSCHAFT FÜR VERGLEICHENDE RECHTSSTUDIEN (1869), DIE INTERNATIONALE ARBEITERASSOZIATION (1873), DER INTERNATIONALE LITERATUR- UND KÜNSTLERVERBAND (1878) sowie die INTERPARLAMENTARISCHE UNION (1888).

Mit *wachsendem Wissen* einerseits und dem Streben nach *bürgerlicher Emanzipation* andererseits entstand ein Bewusstsein für die Artikulation von Anliegen außerhalb der eigenen alltäglichen Lebenswelt. Auch eine verstärkte Reiseaktivität jenseits nationaler Grenzen sowie berufliche Aufenthalte von Privatpersonen in fremden Ländern über längere Zeit vermittelten Wissen über die Lebensumstände, die Gesellschaft und die Politik jenseits der eigenen nationalen Grenzen. Wenn sich aufgrund von solchen Berichten Menschen in unterschiedlichen Ländern für das gleiche Anliegen engagierten, wurde dadurch ein transnationales Bewusstsein für Problemfelder geschaffen (Meyer/Tarrow 1998; della Porta 1999).

Solches Engagement fand seinen Ausdruck in so genannten sozialen Bewegungen, die es sich zur Aufgabe machten, auf Probleme aufmerksam zu machen und für Veränderungen zu protestieren.

Innerhalb dieser transnationalen Solidarität entwickelten NGOs eine eigenständige Rolle, weil sie infrastrukturelle Aufgaben für die sozialen Bewegungen übernehmen und im Zusammenhang mit Kampagnen im Aktionsbündnis mit sozialen Bewegungen Koordinationsfunktionen und Mobilisierungsleistungen wahrnehmen konnten. In den 1980er und 1990er Jahren waren Verbindungen zwischen NGOs und sozialen Bewegungen beispielsweise für die Anti-AKW-Bewegung und die Ostermarschbewegung wichtig, bei denen Umwelt-NGOs wie GREENPEACE oder Friedens-NGOs wie AKTION SÜHNEZEICHEN eine besondere Rolle spielten und infrastrukturelle Funktionen übernahmen.

Die *(kommunikations)technischen Entwicklungen* der letzten Jahrzehnte haben das Wachstum und das Engagement von nationalen und internationalen NGOs weiter gestärkt. Die Entwicklung und Verbreitung des *world wide web* und der Kontakt via E-Mail haben die Möglichkeiten eines schnellen, preiswerten und grenzenlosen Informationsaustausches in früher unvorstellbarem Maße verbessert und Optionen geschaffen, die nicht nur von einem kleinen Ausschnitt gesellschaftlicher Eliten, sondern von weiten Gesellschaftsteilen genutzt werden können – auch wenn die Nutzung dieser Möglichkeiten asymmetrisch nach Alter, sozialen Schichten und auch regional verteilt sind (Held u.a. 1999). Zudem hat die technische und finanzielle Vergünstigung des internationalen Reiseverkehrs dazu geführt, dass NGO-Vertreter häufiger als früher unmittelbar und persönlich mit anderen NGOs Kontakt aufnehmen oder an internationalen Treffen teilnehmen können.

Weit reichende *politische Veränderungen* brachten in der internationalen Staatenwelt gegen Ende der 1980er Jahre neue Handlungsoptionen für NGOs mit sich. Insbesondere das Ende des Kalten Krieges und die damit verbundene Öffnung des Eisernen Vorhangs vergrößerten den Aktionsradius für NGOs erheblich (Albrow 1998). Wenn Staaten heute den Versuch unternehmen, die Rechte von NGOs einzudämmen - wie dies Ende des Jahres 2005 in Russland durch eine Gesetzesvorlage zur restriktiven Finanzierung von NGOs geschehen sollte - stößt dies auf internationalen

Widerstand sowohl nichtstaatlicher als auch staatlicher Akteure und weckt die Aufmerksamkeit der Medien.

> **Infokasten 3-2: Asymmetrie der „NGO-Landkarte"**
>
> Ein Blick auf Gründungsorte von NGOs weltweit zeigt, dass es deutliche Ballungszentren gibt: die meisten NGOs werden in Washington, New York und Brüssel gegründet. Es folgen – mit großem Abstand – (andere) europäische Hauptstädte. Auch sind einige Länder für NGOs als Standorte offenbar weitaus attraktiver als andere: in der Schweiz und hier insbesondere in Genf sind viele Hauptsitze international operierender NGOs angesiedelt. Auch wenn in südlichen Ländern - etwa in Bangladesch oder auf den Philippinen - ebenfalls viele NGOs entstehen, können viele von ihnen nur dann politisches und mediales Gewicht erreichen, wenn sie im Verbund mit Nord-NGOs arbeiten.
>
> Quelle: Anheier u.a. 2005

Darüber hinaus werden NGOs teilweise auch von internationalen zwischenstaatlichen Organisationen sogar explizit gefördert oder gegründet (vgl. auch Martens 2001). Als Organisationskerne der Zivilgesellschaft wollte man sie beispielsweise in ehemals kommunistischen Systemen für die Wiederbelebung der bürgergesellschaftlichen Wurzeln heranziehen. Auf diesem Wege sollten neu institutionalisierte Demokratien von innen stabilisiert werden (vgl. Frantz 2001) (vgl. Kapitel 4). Darüber hinaus hat die Welle von UNO-Weltkonferenzen die internationale Vernetzung von NGOs vorangetrieben (Brühl 2001; Finke 2005).

3.2 NGO-Profile

Aus den sozialen Bewegungen haben sich über die Zeit hinweg NGOs mit zunehmend ausgeprägtem Funktions- und Aufgabenprofil entwickelt. Noch in den 1970er und 1980er Jahren mobilisierten vor allem soziale Bewegungen viele Bürgerinnen und Bürger für aktives Engagement – auch in parteipolitisch abstinenten

Bevölkerungsgruppen (della Porta 1999; Meyer/Tarrow 1998; Raschke 1985); insbesondere entlang gesellschaftspolitischer Themen (Atomkraft, Frauen, Frieden, Eine Welt, Menschenrechte, Ökologie, Rüstung etc.) wurden Kampagnen initiiert, welche Widerhall bei gesellschaftlichen Gruppen und Einzelnen fanden und auch grenzüberschreitend um politische Themen herum gruppiert wurden (Rucht 2001). Die politischen Anliegen waren pointiert genug, um die Bewegungen unter einem thematischen Dach zu sammeln; sie waren aber gleichwohl so weit gefasst, dass auch unterschiedliche Strömungen und Differenzierungen Platz fanden. Als Aktionsbündnis mit einem gemeinsamen politischen Anliegen wurden die Akteure vor allem bei größeren Veranstaltungen wie Demonstrationen sichtbar.

Innerhalb der Bewegungen gab es aber immer wieder auch Personen und Personengruppen, deren Engagement nicht nur auf sporadische Beteiligung bei politischen *events* abzielte oder deren Partizipationsbereitschaft mit solchen Einzelaktionen nicht ausgereizt war, sondern die ihr Engagement verstetigen und intensivieren wollten, um einem speziellen Anliegen - beispielsweise der Nicaragua-Frage, der Gefährdung der Amazonas-Regenwälder oder der Bedrohung durch Atomenergie etc. - durch eine feste Bewegungsstruktur mehr Gewicht und Aufmerksamkeit zu geben. Organisationell fand dies Ausdruck in einer regelrechten Gründungswelle von NGOs und einer neuen Qualität ihrer politischen Möglichkeiten (Keck/Sikkink 1998a; Mathews 1997).

Spezielle thematische Anliegen wurden in Zielen bzw. Leitlinien einer Organisation niedergelegt und durch eine formale Struktur verstetigt. Gleichzeitig blieb die Verbindung mit den übergeordneten und allgemeiner formulierten politischen Anliegen der sozialen Bewegungen bestehen. Für die Bewegungen war die Gründung von Organisationen und die damit verbundene organisatorische Kraft in Form von Synergieeffekten ebenfalls von Vorteil, da die NGOs mit ihrem organisatorischen *know how* Themenkampagnen zusätzliche Dynamik verleihen konnten. Vor allem in den 1990er Jahren haben manche Organisationen im NGO-Sektor mit erheblichem finanziellen Aufwand Themen medial so in Szene zu setzen vermocht, wie es professionellem Marketing entsprach (vgl. Baringhorst 1998; Lahusen 2002). Inzwischen zeigen sich aber auch kritische Effekte der Organisationswelle: die Konkurrenz zwischen NGOs um Marktanteile im Spendensektor hat zugenommen - mit entsprechenden Verdrängungseffekten, in dem NGOs sich bemühen, anderen NGOs Spender abzuwerben und damit Gefahr laufen, ihre Grundfinanzierung nicht zu erwirtschaften.

Heute lassen sich *NGO-Profile* in zwei Teilbereiche aufgliedern: sie erfüllen bestimmte *Aufgaben* innerhalb des nationalen politischen Systems wie auch auf transnationaler Ebene und - übernehmen gewisse *Funktionen* im politischen Willensbildungsprozess. NGOs haben die Aufgabe, Themen und Probleme zu artikulieren, für die Lösungen gefunden werden müssen und in denen Handlungsbedarf besteht (vgl. Brunnengräber 1997); gleichzeitig haben sie innerhalb des politischen Prozesses die Funktion, Anliegen einzelner Bürgerinnen und Bürger zu aggregieren und diesem Handlungsbedarf Nachdruck zu verleihen.

Solche Aufgaben und Funktionen erfüllen NGOs zum Teil ergänzend, zum Teil auch in Konkurrenz zu Parteien, Verbänden und sozialen Bewegungen (Rucht 1993: 251). Artikulation, Aggregation und Durchsetzung von Anliegen sind zwar klassische Aufgaben aller politischen Organisationen, aber NGOs verfolgen eine andere Logik der Interessenvertretung: Sie beschränken sich hinsichtlich der Durchsetzung eines Anliegens nicht auf das eigene Klientel. Auch wenn die Programme und Ziele von Umwelt-NGOs sowohl im nationalen als auch im transnationalen Kontext mittelbar die Anliegen der dort lebenden Bürgerinnen und Bürger berühren, so sind NGOs anders als Parteien nicht primär den Interessen ihrer Anhänger, Wähler und Mitglieder verpflichtet. NGOs artikulieren zum einen Anliegen stellvertretend für Personengruppen oder Sachverhalte, die diese selber nicht effektiv artikulieren können, weil ihre Lebenssituation es nicht zulässt oder weil sie hierfür nicht die Voraussetzungen besitzen (vgl. auch mit Infokasten 2-2). Zum anderen artikulieren sie Anliegen, von denen häufig nicht nur die profitieren, die sich für sie einsetzen, sondern eine weit größere Anzahl von Menschen (z.B. Minderheitenrechte) oder sogar die gesamte Menschheit (z.B. durch eine saubere Umwelt).

Infokasten 3-3: NGOs in den Medien

Sprechertypen	Repräsentant	Medienzugang	Mittel
Advokaten	als treuhänderischer Anwalt der Betroffenen	moralisch-ethische Begründung	Information, Projekte
Helden	als Stellvertreter des medialen Publikums	Inszenierung von Protest	Aktionen, ‚Schlagbilder'
Experten	als Delegierter einer Organisation	fachliche Expertise	Studien, Gutachten, *policy papers*

Quelle: Brunnengräber 1997: 14

Zu den *Aufgaben*, die von NGOs im transnationalen System übernommen werden, gehören - ohne dass jede NGO notwendigerweise alle diese Aufgaben erfüllt - Themensetzung (*agenda setting*), Themenanwaltschaft (*advocacy*), Lobbying, Expertise und Projektarbeit. Die *Themensetzung* und *-anwaltschaft* wird beispielsweise durch laute Protestaktionen ausgeübt. In diesen Fällen stehen symbolhafte oder plakative Aktivitäten und die Medienwirksamkeit im Vordergrund, so dass von außen auf den Politikprozess und die Entscheidungsträger mittels Beeinflussung der öffentlichen Meinung Druck ausgeübt werden kann.

Weiterhin wird durch das *Lobbying* der NGOs der Versuch unternommen, politische Meinungsfindung zu lenken. Manchen NGOs wird im Politikprozess eine Wirkungskraft attestiert, die an Verbandslobbyisten erinnert (vgl. Saretzki u.a. 1999). Diese Wirkung entfaltet sich auf der Mikro- und Mesoebene durch interpersonale direkte Einflussnahme und im Kontakt *one to one* zwischen Vertretern von NGOs und IGOs – in der Regel jenseits öffentlicher Wahrnehmung auf dem diplomatischen Parkett und hinter den offiziellen diplomatischen Bühnenauftritten (Hudson 2000: 90; Vöcking 2005). Waren sie zu Beginn der 1990er Jahre noch „Barfuß auf dem diplomatischen Parkett" (Calließ 1998; vgl. auch Take 2002) unterwegs, treten NGO-Vertreter inzwischen als akkreditierte Partner auf Augenhöhe auf, während die lautstarken Proteste vor den Toren von Verhandlungen eher den inhaltlich ähnlich ausgerichteten sozialen Bewegungen wie ATTAC und anderen globalisierungskritischen Gruppen vorbehalten sind (vgl. auch Kapitel 4).

Gerade hinsichtlich ihrer Zusammenarbeit mit internationalen zwischenstaatlichen Organisationen, z.B. bei der UNO und in den Lobby-Netzwerken der EU (Martens 2006; Freres 2000), lassen sich die Trends der Spezialisierung und Professionalisierung innerhalb von NGOs erkennen, die ihnen erhebliche finanzielle und personelle Ressourcen abverlangen. Solche Kosten können vornehmlich spendenfinanzierte Organisationen nur begrenzt aufbringen. Für das Organisationsmanagement von NGOs bedeutet dies eine Art Teufelskreis: NGOs können nur dann auf Spendengelder in erheblichem Maße hoffen, wenn ihre politische Arbeit als wirksam erachtet wird (Haibach 2002). Die Wirksamkeit politischer Arbeit ist unter den obwaltenden Bedingungen mit hohen Kosten verbunden – die Tätigkeit verlangt hoch qualifiziertes Personal und hohe mediale Effektivität. Beides wird nur dann erzielt, wenn in diese Bereiche finanziell investiert wird. Dass solche „Verwaltungskosten" im Verhältnis zum gemeinnützigen Zweck der Organisation nicht überhand nehmen, wird wiederum von kontrollierenden Instanzen wie der Vergabestelle des Deutschen Spendensiegels kritisch überwacht und in der Bevölkerung proklamiert, die ein Interesse daran bekundet, dass ein möglichst hoher Anteil der Spendengelder in die unmittelbare politische Arbeit bzw. in Projekte fließt.

Aufgrund ihrer *Expertise* werden NGOs häufig sowohl von internationalen zwischenstaatlichen Organisationen wie der EU oder von UNO-Ausschüssen (Schmitz 1997) als auch von Ministerien im nationalen parlamentarischen Prozess angefragt. Diese Expertise wird in Netzwerken - so genannten *epistemic communities* - gebündelt, zu denen auch NGOs gehören (vgl. Saretzki/Rode/Leif 1999: 7; Thunert 1999: 13). Der Staat nutzt die NGOs auch als Referenz für die eigene politische Strategie, da fundierte Kritik aus dem NGO-Bereich den staatlichen Akteuren signalisiert, welche Probleme zur Lösung anstehen und welche Dringlichkeit diese haben (Albrow 1998; Messner 1996; Zürn 1998).

Infokasten 3-4: NGO-Alltag – ein fiktives aber wirklichkeitsnahes Beispiel

Die NGO „HelpIndigo" hat sich zum Ziel gesetzt, die Situation des indigenen südamerikanischen Volkes der „Characus" zu verbessern bzw. die Wahrung der Rechte dieses Volkes zu schützen. Aktivistinnen und Aktivisten der Geschäftsstelle der Organisation in Frankreich erfahren von vernetzten Kontaktpersonen via Internet über Menschenrechtsverletzungen gegenüber der indigenen Bevölkerung durch Aktivitäten der Regierung. Die NGO verfasst eine Presseerklärung zum Thema, nimmt Kontakt mit Medien in Frankreich (z.B. *Le Monde*), in anderen europäischen Ländern und womöglich mit kritischen Medien in dem betroffenen Land auf und bemüht sich darum, dass das Thema in den Medien platziert wird.

In einem weiteren Schritt geht „HelpIndigo" auf internationale zwischenstaatliche Organisationen wie die UNO zu, um auf die Situation des Volkes aufmerksam zu machen, indem sie entweder direkt Mitarbeiterinnen und Mitarbeiter der IGOs anspricht oder sich an andere international agierende NGOs zwecks Unterstützung ihres Anliegens vor der Völkergemeinschaft wendet. Diese themenanwaltlichen Tätigkeiten zeigen dahingehend Wirkung, dass sich die UNO des Sachverhaltes annimmt: eine Petition soll formuliert werden, die die indigene Minderheit in ihren Rechten stärken wird. In dieser Phase ist nun der Sachverstand der Aktivistinnen und Aktivisten der NGO gefragt, die sich durch ihre Spezialisierung auf das Thema tief greifende Kenntnisse erworben hat. Vertreterinnen und Vertreter von „HelpIndigo" werden aufgrund ihrer Expertise im Vorfeld bzw. in der Phase der Formulierung eines politischen Katalogs von Forderungen zugunsten indigener Bevölkerungsgruppen zugeladen und arbeiten an der Ausformulierung der Petition mit.

Zu den *Funktionen*, die NGOs wahrnehmen, gehören ihre Tätigkeiten als *Mittlerorganisationen* und *Dienstleister* (EU-Kommission 1997: 5). Allerdings ist diese Systematisierung der Tätigkeiten strittig (Uphoff 1996: 23ff). Ob überhaupt solche Organisationen als NGOs anerkannt werden sollen, die in der Wohlfahrtspflege ertragsorientiert, aber nicht profit-orientiert tätig sind (Kendall/Knapp 2000) und Dienstleistungen anbieten, bleibt ungeklärt. Einige NGOs - im deutschsprachigen Raum etwa die Umwelt-NGO WEED - fungieren sogar in dienstleistenden Funktionen, da sie als Berater vor allem für andere NGOs arbeiten.

An die Phasen von *Artikulation* und *Aggregation* von Interessen schließt sich in vielen Politikfeldern die Phase der *Implementierung* an. Häufig stellen internationale zwischenstaatliche Organisationen wie die EU oder die UNO zusätzlich zu ihrer abstrakten politischen Befassung mit einem Thema im Rahmen von Programmlinien konkrete Mittel zur Verfügung. Innerhalb solcher ausgeschriebenen Programmlinien können sich NGOs um Projektmittel bewerben wenn z.B. internationale zwischenstaatliche Organisationen die Projekte nicht selber durchführen. Nicht jede Aufgabe, die NGOs wahrnehmen, bedient aber auch jede Funktion des Politikprozesses (siehe Infokasten 3-5). Manche Aufgaben sind unmittelbar, andere nur mittelbar einer der genannten Phasen des politischen Willensbildungsprozesses zuzuordnen.

Infokasten 3-5: NGO-Funktionen und NGO-Aufgaben im Politikprozess

Aufgaben Funktionen	Themen- setzung	Lobby- ing	Advo- cacy	Exper- tise	Projekt- arbeit
Interessen- Artikulation	*	*	*	*	●
Interessen- Aggregation	◘	◘	●	●	●
Durchset- zung von Interessen	●	◘	◘	◘	*

Legende:
* = unmittelbar durch die Tätigkeit wahrgenommene Funktion
◘ = Funktion wird indirekt über die Auswirkung der Tätigkeit erfüllt
● = Funktion wird im Rahmen der Aufgabe nicht erfüllt

3.3 Professionalisierung

NGOs sind als Organisationen des Dritten Sektors bzw. als Nonprofit-Organisationen (vgl. 3-Sektoren-Modell in Kapitel 1) darauf angewiesen, ihre Aktivitäten wesentlich durch eingeworbene Spenden zu finanzieren. Entgegen der Spontaneität der sozialen Bewegungen, die sich je nach Anlass in ihren Aktivitäten oder mit der Zahl der Aktivistinnen und Aktivisten verändern und dabei der Konjunktur sowie Dringlichkeit von Problemen folgen, sind die Tätigkeiten von NGOs stetiger ausgerichtet. NGOs haben Organisationsentwicklungsprozesse durchlaufen, die sich auf ihr Personalmanagement sowie auf ihre Rekrutierung, Strategieentwicklung und Kampagnenfähigkeit stark niederschlagen.

3.3.1 Vom Ehrenamt zum Hauptamt

Bis in die 1980er Jahre hinein war der NGO-Sektor dadurch gekennzeichnet, dass die engagierten Personen in NGOs weitgehend ehrenamtlich tätig blieben. Für Deutschland stellen die in dieser Zeit einsetzenden, ungünstigen Berufsaussichten für Akademikerinnen und Akademiker mit gesellschafts- oder geisteswissenschaftlichen Abschlüssen und wenig Anstellungsmöglichkeiten für ausgebildete Lehrerinnen und Lehrer einen charakteristischen Begleitumstand dar auf dem Weg der NGOs hin zu ihren heutigen Organisationsstrukturen. Häufig wurden im Rahmen von Arbeitsbeschaffungsmaßnahmen (ABM) Zeitstellen in den neu gegründeten Organisationen als Investition in den zweiten Arbeitsmarkt geschaffen.

Über solche ABM-Finanzierungen wurden NGOs in die Lage versetzt, in einem zuvor definierten Zeitfenster mit hauptamtlichem und ehrenamtlichem Personal darauf hinzuarbeiten, dass die Ziele der NGO in konkrete politische Aktivität und in Projektarbeit übersetzt wurden. Die Professionalisierung der NGOs zielte nicht nur auf die effektive Thematisierung externer Probleme ab, sondern es ging auch zunehmend um den Erhalt der eigenen Organisationsstrukturen durch die Einwerbung von Spenden- und Projektgeldern (Haibach 2000). Aus den vorübergehend von außen finanzierten Stellen wurden so Stellen, die durch Eigenmittel getragen werden konnten und eine weitere Investition in hauptamtliches Personal ermöglichten.

Als wesentliches Merkmal der Professionalisierung innerhalb des NGO-Sektors kann somit die fortschreitende Etablierung von Hauptamtlichkeit beobachtet werden – zunächst teilweise parallel neben der Ehrenamtlichkeit, dann auch diese ersetzend (Hallmann/Zimmer/Priller 2003). In Teilen des NGO-Sektors ist die Entwicklung durch eine fortschreitende Verdrängung des Ehrenamtes durch das Hauptamt im täglichen Entscheidungsprozess der Organisationen zu beobachten; Ehrenamtlichkeit mit bürgerschaftlichen Eliten spielt dann häufig nur mehr eine Rolle bei der Entwicklung von Rahmenvorgaben für die Organisation durch den Vorstand (Carver 1997; Harris 1993; Langnickel 2000; Wood 1996).

Die Etablierung von hauptamtlichen Beschäftigungsstrukturen deutet auf den Anspruch der Organisationen selbst hin, ihre Aufgaben dauerhaft auszufüllen. Mit der Etablierung von Hauptamtlichkeit geht die Notwendigkeit einer, finanzielle Mittel zu akquirieren, die eine Arbeitsfähigkeit der Organisation sicherstellen und eine NGO in die Lage versetzen, die formulierten Organisationsziele zu erreichen. Als Organisationen des Nonprofit-Sektors müssen NGOs idealtypisch in ihrer Finanzierungsstrategie so vorgehen, dass die Strukturen gesichert werden und gleichzeitig die Unabhängigkeit von den staatlichen Akteuren gewahrt bleibt (Bebbington/Mitlin 1996; Hudson 1995; Strachwitz 2000). Die Finanzierungsstrategie stellt den Anspruch der Organisation in den Vordergrund, ihre Autonomie und ihr zielorientiertes Handeln zu sichern.

Seit den 1990er Jahren lässt sich beobachten, dass in NGOs die Anforderungen an das Personal und dessen Kompetenzen steigen; der Grad der Spezialisierung von Tätigkeiten in NGOs nimmt zu, und das Ehrenamt wird zu Gunsten von Hauptamtlichkeit im Kerngeschäft der NGOs zurückgedrängt (siehe auch Infokasten 3-6). Diese Tendenz lässt sich nicht nur bei national operierenden NGOs ablesen, auch die internationale Kooperation wird verstärkt professionalisiert. Beispielsweise haben ressourcenstarke NGOs in den vergangenen Jahren ihre ehrenamtliche Repräsentation bei der

UNO in New York und Genf durch hauptamtliche Kräfte ersetzt (Martens 2005a). In der Folge entwickelte sich der NGO-Sektor zu einem eigenen Berufsmarkt mit einer speziellen Personalwirtschaft (Biedermann 2000; Schütte 2000; Eckardstein/Ridder 2003; Simsa 2003).

> *Infokasten 3-6:* Personalsicherungspolitik und ökonomische Rationalität
>
> Die Zunahme hauptamtlicher Beschäftigung in NGOs ist grundsätzlich nicht kritisch zu bewerten, wenn sie die Organisationen handlungsfähiger macht. Problematisch wird die Entwicklung zunehmender Hauptamtlichkeit allerdings, wenn dieser Trend die NGO in eine „Personalsicherungsspirale" führt und sich zu Lasten ihrer langfristigen Handlungsfähigkeit auswirkt: Die Trennung von Personal, das einmal rekrutiert wurde, fällt in gemeinnützigen Organisationen tendenziell schwer, die auch eine sozialverträgliche Personalpolitik verfolgen wollen. Eine betriebswirtschaftlich rationale Personalpolitik im Sinne einer langfristigen Finanzierbarkeit der Organisation selbst kann dabei ins Hintertreffen geraten. Unter Umständen werden NGOs – ähnlich wie dies für wohlfahrtsstaatliche Organisationen derzeit zu beobachten ist – bis an den Rand ihrer Bestandsfähigkeit geführt. Eine weitere kritisch zu beobachtende Entwicklung zunehmender Hauptamtlichkeit und damit wachsender finanzieller Verpflichtungen von NGOs liegt in der Verführbarkeit, zunehmend auch staatliche Projekt-Gelder zu akquirieren und so die Verflechtung von NGOs und staatlichen Akteuren zu verstärken.

NGOs können sich heute der Logik einer Konkurrenz zwischen ihnen um Spenden- und Projektgelder nicht mehr entziehen. Aus vielen NGOs sind hochgradig organisierte und hinsichtlich ihrer Arbeitsprozesse unternehmensähnliche Organisationen geworden (Strachwitz 2000: 27). Das Unternehmens*ziel* in NGOs ist allerdings nicht die Profitmaximierung, sondern die Wirksamkeit des von der NGO formulierten Organisationsanliegens – sei es der

Schutz des Regenwaldes bzw. der Protest gegen dessen Vernichtung, der Schutz der Menschenrechte respektive der Protest gegen Haftbedingungen in bestimmten Ländern, oder der Einsatz in der Entwicklungszusammenarbeit und das Einwerben von hierfür zur Verfügung gestellten Projekt- oder Spendengeldern.

Viele NGOs haben anspruchsvolle Ziele und Aufgaben in ihren mittelfristigen Organisations-Agenden formuliert. Provisorische und vergleichsweise kurzlebige Organisationsstrukturen wären dafür ungenügend, daher setzen sie stattdessen auf institutionalisierte und stetige Binnenstrukturen. Nur so können sie in dem für ihren medialen Auftritt notwendigen Maße Profil zeigen (Ernst 2000). Als professionalisierte Institutionen benötigen die NGOs wiederum verlässliche Personalstrukturen. NGO-Personal muss hoch qualifiziert und spezialisiert sein, um durch seine Tätigkeit den Status quo der Organisation und ggf. einen weiteren Ausbau der Organisationsstrukturen zu rechtfertigen, zu sichern und voranzutreiben (Frantz 2005).

Infokasten 3-7: | Professionalität versus Betroffenheit | → Forster

NGO-Hauptamtliche grenzen sich heute deutlich gegen vorurteilsbeladene Bilder oder Vorstellungen von idealistischen und bemühten, letztlich aber unprofessionellen *selfmade*-Aktivisten ab. Eine Führungskraft resümiert rückblickend mit einer Perspektive auf zwanzig Jahre NGO-Arbeit: „Früher bedeutete NGO: Jeder macht alles und alles wird durchdiskutiert". Während es in den 1980er Jahren in NGOs vor allem darum ging, „den Entrechteten zu ihrem Recht zu verhelfen", ist eine hohe Emotionalisierung heute häufig zu Gunsten eines ‚geschäftsangemessenen' Engagements gewichen. Während eine starke Betroffenheit ehrenamtlicher NGO-Mitarbeiterinnen und Mitarbeiter zwar hohen Einsatz zugunsten des Organisationsziels mit sich bringt, kann ein hauptamtliches, professionalisiertes Arbeitsverhältnis eher einem beruflichem *burnout* vorbeugen.

Quelle: Frantz 2005: 93; vgl. Interview #38.

NGOs verfolgen neben ihren Anliegen daher auch das Ziel des organisationellen Überlebens im jeweiligen Politikfeld – vielleicht sogar den organisationellen Ausbau. Für beide Ziele werden unter dem Dach der NGO Personen unterschiedlicher Qualifikation, mit unterschiedlichen Kompetenzen und Erfahrungen benötigt, die je nach Tätigkeitsbereich von der Projektarbeit über die Kampagnenplanung, das Lobbying oder das Fundraising und die Spendenbetreuung bis hin zur strategischen Geschäftsführung arbeitsteilig und spezialisiert mitwirken.

NGOs gewinnen durch die Ausbildung von verstetigten Organisations- und Personalstrukturen einerseits politischen Gestaltungsraum, unterliegen aber andererseits auch zusätzlichen Zwängen. In der Fachliteratur wird diese Diskussion unter dem Stichwort *capacity building* kritisch geführt (Eade 1997; Edwards/Hulme 1992; Fowler 1995). NGOs treiben ihre Strategieentwicklung sichtbar voran (Appel 2005; Gmür 2000); das Planungsziel vieler NGO-Führungskräfte lautet daher häufig, sich in der Nische jenseits von Staat und Markt - mit starken Bezügen zu beiden Sektoren - eine passgenaue strategische Konzeption für organisationelles Wachstum und weitere Professionalisierung zu verschaffen, ohne die Anbindung an den Rest der Zivilgesellschaft substanziell zu gefährden.

3.3.2 Personalmanagement

Die Entwicklung der NGOs ist eng mit der Professionalisierung des Personalmanagements verbunden. Je konkurrenzbetonter und effizienzorientierter die Bedingungen in einem Organisationssektor ausgestaltet sind, desto wichtiger ist es aus Sicht der Organisationen, Erfolge planvoll zu erreichen und zu konsolidieren. Dabei spielen Aspekte wie Humankapital, Spezifikation, Kompetenzerweiterung, Evaluierung von Personalmaßnahmen, mittelfristige und langfristige Strategieentwicklung und deren Auswirkungen auf den Personalsektor eine wesentliche Rolle (Frantz 2005: 209).

Die Widersprüchlichkeit, in der viele NGOs sich in Folge von Professionalisierungsprozessen wiederfinden, entwickelt sich im

Personalbereich am augenfälligsten zwischen Ehrenamt und Hauptamt: Ein verträgliches und konstruktives Nebeneinanders von ehrenamtlichen und hauptamtlichen Kräften institutionell zu sichern, das beiden Beschäftigungsgruppen in Anforderungen und Anreizen gerecht wird, stellt für NGOs heute eine große Herausforderung dar.

Ähnlich bringt die Professionalisierung auch einen immanenten Widerspruch der Funktions- und Managementlogik in NGOs und ihren Führungszirkeln zum Vorschein: Personalmanagement mit dem Ziel der Professionalisierung bedeutet u.a. Investition in Humankapital. Eine solche Investition in die Personalressource muss - da es Mittel sind, die für das operative Geschäft nicht zur Verfügung stehen - gegenüber den Spendern und der Öffentlichkeit sowie organisationsintern begründet und vertreten werden. Die personalverantwortlichen Führungskräfte müssen daher in Leitungsgremien ihre Budgets für Qualifizierung u.ä. den Budgetverantwortlichen des operativen Bereichs abringen.

Einige NGOs - beispielsweise CARITAS INTERNATIONAL, MEDICA MONDIALE, RENOVABIS, MISSIO oder DWHH - haben im Rahmen eines professionell begleiteten Organisationsentwicklungsprozesses ihr personalpolitisches Methodenrepertoire überprüft und sind dabei, Anpassungen vorzunehmen. Diese Anpassungen sollen sich am aktuellen Stand des Instrumentariums und der Strategie der Personalwirtschaft orientieren. Die Führungskräfte stehen bei der Implementierung solch strategischer Konzepte bisweilen vor erheblichen Problemen, wenn sich im organisationellen Alltag in der Phase nach der Organisationsberatung zeigt, dass die mit teurer professioneller Hilfe und Beratungskompetenz aus dem Profitbereich erarbeiteten Lösungskonzepte auf den Profitbereich zugeschnitten sind – und an der speziellen NGO-Situation haarscharf vorbeigehen.

Für den NGO-Bereich mit seinen Spezifika sind die Strategieergebnisse und Veränderungsimpulse solcher Organisationsberatungen häufig nicht ausreichend passgenau, um diese in die Realität umzusetzen; der NGO-Sektor ist auch weiterhin geprägt von einer besonderen personellen Zusammensetzung und einem Miteinander von Ehrenamt und Hauptamt. Somit gelten besondere

Begrenzungen im Bereich finanzieller Anreize im Leistungs- und Entlohnungssystem.

Besonders für kleinere NGOs ist eine professionelle Organisationsberatung von Spezialisten aus dem Profitbereich oft kein gelungener Schritt auf dem Weg nachhaltiger Organisationsentwicklung. NGOs weisen sektorenspezifische Managementbedingungen auf, die sich von denen der Profitunternehmen unterscheiden. Diese Spezifika schlagen sich in einem Bedarf an spezieller und passgenauer Organisationsberatung nieder, die der hohen Sinnorientierung der NGO Rechnung tragen und deren ökonomische Grenzen und Möglichkeiten im Blick behalten muss.

Für die meisten deutschen NGOs steht die Personalpolitik unter starken budgetären Restriktionen. Dies gilt für mögliche Einstiegsgehälter und die Chancen, Personen etwa aus dem Profitbereich zu rekrutieren; dies gilt aber auch für die Möglichkeiten, Personen über finanzielle Zielvereinbarungen an NGOs zu binden. Selten können Führungskräfte in der Praxis nach der Leitlinie handeln, dass gutes Personal, das hoch qualifiziert und mit hohem Engagement im Einsatz sein soll, auch über ein entsprechendes Leistungssystem an die Organisation gebunden werden muss. Stattdessen entsteht der Eindruck, dass einige Organisationen die Gehaltsfrage vollständig aus dem personalpolitischen Instrumentarium herausnehmen und als Fixum außerhalb der Diskussion von Einstellungsverfahren stellen. Interessante Effekte der Beeinflussung des NGO-Sektors ergeben sich durch einzelne Wechsel von Personen aus dem Profitbereich in die NGOs. Sie transportieren nicht nur ihr *know how* in den NGO-Sektor, sondern bringen auch Forderungen an das Personalmanagement von außen mit hinein, die einen dynamischen Veränderungsimpuls in den NGOs freisetzen.

Konflikte im Personalmanagement entbrennen häufig an dem hohen ideellen Anspruch in NGOs: Hauptamtliche und Personalverantwortliche thematisieren heute gleichermaßen die drohende personelle Selbstausbeutung, die der Logik der NGOs als zielorientierten Unternehmen innewohnt (Frantz 2005: 213). Weil NGOs ihre finanziellen Mittel und personellen Ressourcen in den Dienst Notleidender, Benachteiligter oder ziviler Kriegsopfer stellen, spiegelt sich darin auch die Gefahr wider, dass die Verpflichtung auf die Mission als Argument verwendet werden kann, mit dem sich Forderungen nach Personalförderung jedweder Art aushebeln lassen: Ist es statthaft für die Hauptamtlichen in NGOs, den Anspruch zu erheben, eine Förderung gemäß ihrer Kompetenzen und Möglichkeiten zu erhalten und ist es politisch korrekt, wenn Führungskräfte dem eigenen beruflichen Fortkommen große Aufmerksamkeit schenken, wenn gleichzeitig weitere humanitäre Katastrophen geschehen?

> *Infokasten 3-8:* NGO-Abschlag - ein typisch deutsches Phänomen?
>
> Anders als in Deutschland ist in anderen Ländern die ‚Versäulung' im Berufsfeld nicht so stark ausgeprägt. In den USA etwa ist ein Wechsel zwischen den *Forprofit-* und den *Nonprofit-*Sektoren üblicher – vom Lobbying in die Parteipolitik, in die Wissenschaft, in Consultancies und dann in eine NGO. Dies hat auch zur Folge, dass in Abwerbungsverhandlungen vergleichsweise hohe finanzielle Angebote für mögliche NGO-Hauptamtliche geboten werden müssen. In Deutschland dagegen gehen sowohl die Personalverantwortlichen in NGOs als auch die dort tätigen Hauptamtlichen selber davon aus, dass sie als Angestellte einer NGOs sowie als Geschäftsführer von NGOs einen sogenannten NGO-Abschlag in Kauf nehmen – also ein Mindereinkommen von bis zu einem Drittel gegenüber den Verdienstperspektiven in der gleichen Profession im Profit-Sektor.

Einige Organisationen machen aus der budgetären Not eine Tugend, indem sie ihre geringen finanziellen Möglichkeiten zur personalpolitischen Strategie machen: Da mit dem finanzierbaren Leistungssystem selten erfahrene Kräfte mit hohen Leistungsansprüchen zu gewinnen sind, entwickelt die Leitungsebene der Organisation stattdessen die Philosophie einer stetigen Erneuerung durch neue Mitarbeiter und erklärt eine vergleichsweise hohe Fluktuation zum progressiven Moment: Damit ist die Hoffnung verbunden, dass das dynamische und kritische Image zur Profilbildung beiträgt.

> *Infokasten 3-9 :* „O-Ton" eines NGO-Hauptamtlichen zum Berufsethos
>
> „Wir NGOler sind eine besondere Klasse von Menschen, die - früher hat man gesagt - gut von BAT II leben können, heute ist es nicht mehr so, man zahlt schlecht. Aber wir sind so ein Sub-Proletariat, das ganz gut im System leben kann, die gar keine so hehren Ziele mehr haben. Die Leute sind ja unheimlich realistisch, die wissen genau, was sie verändern können, und sie müssen im System funktionieren. (...) Wir sind Teil des Systems, wir haben uns etabliert."
>
> Quelle: Frantz 2005: 90f; vgl. Interview 61.

3.3.3 Rekrutierung → zus. im Infokasten

An das NGO-Berufsfeld werden hohe Anforderungen gestellt: Ein hohes Maß an professioneller Fachlichkeit ist inzwischen unabdingbare Rekrutierungsvoraussetzung, im günstigsten Falle gepaart mit Auslands- und Berufserfahrung (Frantz 2005: 118-139). Viele NGOs halten dabei einem Vergleich mit dem Profitbereich in ihrer Forderung nach professioneller Fachlichkeit durchaus stand. Bei Bewerberinnen und Bewerbern wird bei Einstellungsverfahren die notwendige hohe Identifikation mit *vision and mission* der NGO geprüft und eine entsprechende Widerspiegelung der vertretenen Haltung im Lebenslauf der Bewerberinnen und Bewerber erwartet. Angesichts der oftmals widrigen Arbeitsumstände vor allem für NGO-Mitarbeiterinnen und Mitarbeiter im Ausland in Krisen- und Katastrophengebieten oder in Entwicklungsländern ist auch eine stabile psychische Disposition Grundvoraussetzung, um längerfristig erfolgreiche Arbeit leisten zu können.

Neben allgemeinen Persönlichkeitsmerkmalen spielen für die Rekrutierung auch sehr konkrete Kompetenzen eine Rolle (Frantz 2005: 100-103): Diese bemessen sich nach dem Einsatzbereich der Hauptamtlichen, aber auch danach, ob die Organisation einen Grad der Professionalität erreicht hat, in dem ein ausdifferenziertes Personalspektrum kaum Spielraum für *training on the job* lässt. Die Bandbreite der erforderlichen Qualifikationen reicht von einschlägiger Ausbildung und Berufserfahrung im Marketing, im Fundraising und im PR-Bereich über einschlägige Erfahrungen im Umgang mit politischer Bürokratie, Parteipolitik und Großbehörden für ein erfolgreiches Lobbying bis hin zu speziellen Fachkenntnissen im operativen ‚Geschäft' – dieses umfasst im NGO-Bereich die operative Entwicklungszusammenarbeit ebenso wie ausgewiesene (natur)wissenschaftliche Expertise im Umweltbereich.

Aus dem Arbeitszusammenhang in NGOs resultieren weitere Anforderungen an die Fähigkeiten, die Bewerberinnen und Bewerber mitbringen sollten, um ihre Rekrutierungschancen auf dem NGO-Arbeitsmarkt zu verbessern (siehe auch Infokasten 3-10). Unabdingbar sind in NGOs der Entwicklungszusammenarbeit z.B. Einstellungskriterien, die etwas über die Kommunikationsfähigkeit, Teamfähigkeit und Verständigungskompetenz im Politikfeld aussagen und solche, die im weiteren Sinne in einem Katalog von *soft skills* erfasst werden können: die kulturelle Offenheit und die Neugier auf fremde Kulturen und Lebenszusammenhänge. Sie können heute aber nicht erst im Rahmen der Tätigkeit erworben werden; sie werden bei Bewerbern bereits vorausgesetzt.

Besondere Ansprüche gelten bei der Rekrutierung für den bekenntnisgebundenen NGO-Arbeitsmarkt, der in Deutschland eine große Rolle vor allem im Bereich der Entwicklungszusammenarbeit spielt. Zu den besonderen Rekrutierungsbedingungen bekenntnisgebundener NGOs gehören zum einen formale Kriterien (d.h. die Personen müssen formal einer der christlichen Kirchen angehören) und zum anderen häufig auch individuelle Wertebindung, die in hohem Maße mit der Persönlichkeit jedes Individuums verknüpft ist.

In NGOs der Entwicklungszusammenarbeit stellt sich die Bedeutung der eigenen Kirchengebundenheit etwas anders dar als in der Not- und Katastrophenhilfe: Weil die Organisationen in der Regel ihre operative Arbeit im Verbund mit Partnerorganisationen vor Ort abwickeln und die kirchlichen Einrichtungen dort eine zentrale Rolle für die Effizienz und Zielerreichung der Projekte spielen, muss auf dieser Ebene eine reibungslose Kommunikation gewährleistet sein. Christliche Rituale erfüllen ihren Zweck als verbindendes Element zwischen Projektfinanzier im Norden und den Partnerorganisationen im Süden.

Infokasten 3-10: Einstellungskriterien für NGO-Hauptamtliche

Kernkompetenzen und Rekrutierungsfaktoren in NGOs ...
⇨ ausgewiesene Fachkompetenz und praktische Erfahrung
⇨ Bereitschaft zur Akzeptanz des beschränkten Leistungspaketes der NGOs
⇨ Identifikation mit *vision and mission* der Organisation
⇨ gefestigte Persönlichkeit mit sozial-kultureller Verwurzelung
⇨ Selbstorganisation in einem relativ gering verregelten Arbeitsfeld
⇨ Offenheit für fremde Kulturen und respektvolle Neugier

Zusatzanforderung in bekenntnisgebundenen Organisationen ...
⇨ Zugehörigkeit zur Konfessionsgemeinschaft
⇨ Widerspiegelung der christlichen Prägung in der Biographie

Quelle: Frantz 2005: 227

Entsprechend der Charakteristika ihrer Hauptamtlichkeit lassen sich auf dem Berufsmarkt vier NGO-Typen unterscheiden (Frantz 2005: 252ff). Die erste Gruppe stellen die *NGO-Technokraten* dar. Ihre Berufsgrundlage ist ein Fachstudium beispielsweise der Agrarwissenschaften oder der Ökologie. Hinzu kommt häufig das Interesse für ein bestimmtes Land oder eine Region. Ihr gesellschaftspolitisches Interesse führt als dritter Faktor dann dazu, dass solche Personen nicht im Profitsektor arbeiten, sondern sich mit ihrer Kompetenz in den Dienst einer NGO mit beispielsweise entwicklungspolitischer oder umweltpolitischer Zielrichtung stellen.

Eine zweite Typengruppe bilden die _NGO-Generalisten_. Sie absolvierten zumeist in den 1970er und 1980er Jahren ein Studium im Bereich der Sozial- oder Geisteswissenschaften mit der Absicht, ins Lehramt zu gehen, hatten dort in dieser Zeit aber keine Einstellungschancen. Für sie ermöglichte die zunehmende Professionalisierung von NGOs den Eintritt in einen sich neu formierenden Arbeitsmarkt. Seit dem Ende der 1990er Jahre sind die Einstiegschancen für die NGO-Generalisten weniger komfortabel – sie öffnen sich die Türen in den NGOs nicht mehr nur durch Interesse und Fachkompetenz, sondern auch durch zahlreiche Praktika und die Bereitschaft, weit unterhalb ihrer Qualifikation in der Organisation ihren Berufsweg zu beginnen. Aufgrund ihrer hohen politischen Mobilisierung werden diese Personen in den NGOs vor allem in den Bereichen *advocacy* und politische Strategieentwicklung eingesetzt.

Die dritte Untergruppe bilden die _NGO-Theologen_. Viele bekenntnisgebundene NGOs, beispielsweise MISEREOR oder BROT FÜR DIE WELT, bieten ein Berufsfeld für Theologen, die außerhalb der engen Möglichkeiten der Amtskirche eine Chance sehen, Internationalität, religiöse bzw. ethische Werte und eine politische Grundhaltung der Liberalität und interkulturellen Zusammenarbeit zu verbinden. Die vierte Gruppe der NGO-Typen stellen die _Quereinsteiger_ aus dem Profitbereich dar. Nach längerer Tätigkeit im Profitsektor wechseln sie in die NGO, weil die Frage nach der Nachhaltigkeit und dem Sinn ihrer Arbeit im Profitsektor nicht mehr ausreichend beantwortet wird.

3.3.4 Transnationale Netzwerke

NGOs nehmen in den nationalen Kontexten ihre jeweilige Rolle und ihre Funktionen entsprechend der politischen Kultur, den Diskursen in den nationalen politischen Arenen, den Politikprozessen in den Nationalstaaten sowie dem Grad der nationalen zivilgesellschaftlichen Unterstützung ein. International organisierte NGOs dagegen unterliegen der Anforderung, ihre politische Strategieplanung unterhalb eines transnationalen Organisationsdaches kongruent zu formulieren: In der Folge kann es bei der Abstimmung der Politiken unterhalb eines Dachverbandes mit Blick auf die Umsetzung in den nationalen Gliedorganisationen im Diskussionsprozess zu Reibungsverlusten kommen.

Andererseits profitieren NGOs im internationalen Verbund davon, dass sie Informationsnetzwerke aufbauen und pflegen können. Häufig gelingt es NGOs auf diesem Weg, Expertise im Netzwerk und unter einem Dach zu kumulieren, die in der einzelnen nationalen NGO nicht vorhanden wäre, die aber einen wesentlichen Teil der internationalen Reputation der NGO zur Folge hat. In einigen international organisierten NGOs wird eine funktionale Arbeitsteilung innerhalb der NGO-Gruppe vereinbart: ÄRZTE OHNE GRENZEN im Bereich der humanitären Hilfe ist beispielsweise nicht in allen Ländern als operative Organisation etabliert. Die deutsche Organisationseinheit von ÄRZTE OHNE GRENZEN ist im Lobbying, im Fundraising sowie in der Weiterbildung rekrutierter Mitarbeiter für den Feldeinsatz tätig. Allerdings gibt es in Deutschland - im Gegensatz zum Hauptsitz der Organisation in Frankreich oder im Projekt-Planungszentrum in den Niederlanden - kein Budget für von hieraus geplante Auslandseinsätze.

Kleinere oder ressourcenärmere NGOs ermöglichen sich eine internationale Vernetzung meist weniger im Jet-Set internationaler Konferenzen, Meetings und Konsultationen bei internationalen zwischenstaatlichen Organisationen wie der UNO, sondern vielmehr via Internet am Rechner in den Räumen der angemieteten Geschäftsstelle. Auch mit virtueller Netzwerkbildung kann eine kleine NGO somit durchaus ihre politischen Ziele vertreten und Druck über Grenzen hinweg bei internationalen zwischenstaatlichen Organisationen ausüben (Vöcking 2005).

Durch ihre Internationalisierung nehmen NGOs die Impulse der Globalisierung politisch und organisatorisch auf und bilden im Vergleich zu Parteien und Verbänden - klassischen Akteuren der Interessenvertretung - eine Art Avantgarde. Impulse und Herausforderungen der Globalisierung werden von NGOs in ihrer Organisationsstruktur, ihrem politischen Vertretungsanspruch und ihren Zielsetzungen aufgenommen und eingearbeitet. Lange vor Parteien oder Verbänden, die im nationalen Kontext verwurzelt sind, haben

NGOs Probleme jenseits nationaler Grenzen zum Thema gemacht und in den politischen Diskussionsprozess katapultiert. Insbesondere nutzen sie das Internet, um ihre Anliegen schnell und flächendeckend zu verbreiten.

Auf diesem Wege konnten NGOs seit den 1980er Jahren Organisationsvorsprünge und Imagegewinne gegenüber Parteien und Verbänden verbuchen. Die gesellschaftliche Reputation steht nun aber in einer kritischer werdenden Öffentlichkeit auf dem Prüfstein. Die politische Wirksamkeit und die Einflussnahme von NGOs im internationalen System wird zudem seit der mit dem 11. September 2001 entfachten Debatte um internationalen Terrorismus neu angefragt, denn internationale Netzwerke werden nicht mehr nur als positives Kennzeichen einer multikulturellen Welt gesehen.

3.4 Konsequenzen der Professionalisierung

Die Folgen einer zunehmenden NGO-Professionalisierung werden häufig mit dem Begriff des *scaling up* (Edwards/Hulme 1992) verbunden. Gemeint ist damit im umfassenden Sinne die Investition in die eigene Organisation. *Scaling up* kann sich auf die Zahl der Projekte, die von ihnen betroffenen Menschen, die Größe der Organisation und ihre Multinationalität beziehen. Weiterhin kann *scaling up* jedoch auch den Prozess des Übergangs des ‚NGO-Aktionsradius' von der Projektarbeit in die Advokatentätigkeit beschreiben. Eine dritte mögliche Kategorie dessen, was als *scaling up* von NGOs beschrieben werden kann, ist die Zusammenarbeit mit Regierungen, um Synergieeffekte zu erzielen und die traditionelle Annahme einer Dichotomie von NGOs auf der einen und Staat/Regierung auf der anderen Seite zu überwinden.

Innerhalb von international geknüpften und institutionalisierten Politiknetzwerken können NGOs Gestaltungsspielräume für das eigene Anliegen unterschiedlich nutzbar machen (vgl. Kapitel 4). Im Zusammentreffen zwischenstaatlicher und nichtstaatlicher Organisationen auf internationalem Parkett hängt es auch vom Stellenwert der NGO sowie von den persönlichen Qualifikationen des jeweils agierenden NGO-Vertreters oder der Vertreterin im

Lobbying-Kontakt ab, welcher Gestaltungsspielraum und welche Mitsprache der NGO innerhalb des vorgegebenen Spektrums gewährt werden (Martens 2006; Vöcking 2005). Solche Potentiale spiegeln sich häufig in weiterer organisatorischer Ausdehnung wider, sowohl hinsichtlich ihrer Organisationsstruktur als auch ihrer Programme.

Eine Konsequenz dieser unterschiedlichen Nutzbarmachung der Kompetenzen von NGO-Vertreterinnen und Vertreter ist, dass innerhalb des NGO-Sektors offenbar eine erfolgreiche Markenbildung stattgefunden hat – als Beispiele seien hier nur einige transnationale Organisationen wie AMNESTY INTERNATIONAL, ÄRZTE OHNE GRENZEN, FIAN, GREENPEACE oder OXFAM genannt. Die strategische Planung in solchen NGOs zielt sowohl auf die Wirksamkeit von Kampagnen ab, als auch auf das Ziel, die Organisationsstrukturen auf Dauer zu stellen und damit mittel- und langfristig eine bessere Interessenvertretung wahrzunehmen (Appel 2005).

Für NGOs erwachsen daraus aber auch intern neue Herausforderungen im Hinblick auf Management und Umbildung oder Entwicklung funktionaler Hierarchien. In der Forschung ist die Debatte nicht abgeschlossen und wird die weitere Entwicklung im NGO-Sektor kritisch begleiten. In erster Linie ist dieser Diskurs als Zeichen einer Normalisierung (und insofern positiv) zu werten: NGOs werden inzwischen als etablierter Teil des gesellschaftspolitischen Akteursspektrums wahrgenommen und müssen sich somit auch kritischer Prüfung unterziehen.

3.5 Effekte und Grenzen der NGO-Professionalisierung

Obwohl es NGOs bereits seit Jahrhunderten gibt, hat sich ihre Entwicklung insbesondere in den letzten beiden Dekaden rasant verändert. Auf die globalen technischen Entwicklungen und politischen Veränderungen sowie resultierenden Handlungsoptionen haben NGOs mit einer Professionalisierung ihrer Arbeitsformen und internen Strukturen reagiert: NGOs sind heute nicht mehr nur Freizeitaktivisten, sondern sie zeichnen sich durch qualifizierte, hauptamtliche Mitarbeiterinnen und Mitarbeiter aus, die ihre Aufgabe professionell bearbeiten. Hochgradig organisierte NGOs verfügen über einen festen Personalstab. Sie nehmen einerseits die politisch-strategische Planung und die Bedingungen des politischen Prozesses in den Blick, auf der anderen Seite wollen sie durch erfolgreiches Marketing die eigene „Marke" auf dem NGO-Markt behaupten.

Die Professionalisierung von NGOs bringt es mit sich, dass der Sektor sich nicht auf Formen der temporären Protest-*Events* beschränkt, sondern dass vielmehr dauerhafte Kampagnenfähigkeit mit einem integrierten Konzept von medialer Wahrnehmung und direkter Ansprache von Bürgerinnen und Bürgern im Vordergrund steht. Nach der Strategieinitiative und der Professionalisierungsoffensive sehen sich NGOs nun vor die Herausforderung gestellt, die Rückbindung an die Basis und ihre Legitimation innerhalb der Zivilgesellschaft zu sichern, damit sie ihre Rolle als Organisationen, die progressiven Wandel fördern wollen, weiterhin reklamieren und gegenüber staatlichen Akteuren akzentuieren können.

4 Akteursqualität - NGOs in der internationalen Politik

Welche Rolle spielen NGOs in der internationalen Politik? Unter welchen Bedingungen avancieren sie zu wichtigen Akteuren im internationalen Geschehen? Wie beeinflussen sie internationale Verhandlungen? Obwohl NGOs seit langem auch bereits über Ländergrenzen hinweg agieren, werden sie seit den 1990er Jahren verstärkt als Akteure in der internationalen Politik wahrgenommen. Oftmals werden sie als Experten von Regierungen während internationaler Beratungen hinzugezogen und können das Geschehen von innen beeinflussen. Häufig versuchen sie auch als Demonstranten von außen störend bei internationalen Gipfeltreffen einzuwirken und Aufmerksamkeit umzulenken. Dieser Akteursqualität von NGOs als Mitspieler auf der internationalen Bühne soll im folgenden Kapitel intensiver nachgegangen werden. Im ersten Teil wird die Rolle von NGOs in der internationalen Politik hinsichtlich ihrer Bedeutung von Transnationalisierungsprozessen beleuchtet. Das Erstarken von NGOs und ihre vielfältigen Aktivitäten werden hierbei im Kontext von Globalisierung und neuen Konzepten des Regierens (*„global governance"*) betrachtet. Daran anschließend wird in diesem Kapitel der Blick auf ihre Interaktionen mit internationalen zwischenstaatlichen Organisationen gelenkt. Solche IGOs stellen heute wichtige politische Arenen dar, innerhalb derer NGOs agieren; beispielhaft hierfür werden das NGO-Engagement in Bezug auf die UNO und die EU analysiert. Nach einer Darstellung von NGO-Wirkungsoptionen in beiden IGOs folgt jeweils eine Einschätzung möglicher Einflussnahme und Grenzen ihrer Mitbestimmung. Hierbei wird deutlich, dass ihre aktuellen Aktivitäten und ihr derzeitiger Einfluss im internationalen System in einem engen Zusammenhang zur Organisationsentwicklung von NGOs und vor allem deren personalpolitischen Strategien und Entwicklungen stehen.

4.1 NGOs und internationale Veränderungsprozesse

Internationale politische Interdependenzen und zivilgesellschaftliche Vernetzungen haben in den vergangenen Jahren eine neue Dimension erreicht, die frühere Ordnungsmodelle der Staatenwelt in Frage gestellt haben. In diesem Abschnitt werden NGOs innerhalb der Erklärungsmodelle der internationalen Beziehungen positioniert, um ihre Wirkungsweisen zu verdeutlichen. Weiterhin werden die derzeitigen Aktivitäten von NGOs auf dem internationalen Parkett skizziert, die sie zu solch prominenten Akteuren gemacht haben. Das darauf folgende Beispiel zur Zusammenarbeit zwischen NGOs und dem Völkerbund dient der Verortung heutiger Interaktionen mit IGOs im Vergleich zu früheren Politikarenen.

4.1.1 NGOs im Kontext von Globalisierung und global governance

Seit den 1990er Jahren ist die Globalisierung zum bestimmenden gesellschaftspolitischen und ökonomischen Phänomen geworden (Beck 1999, Held u.a. 1999). Weil dadurch Probleme heute ebenfalls als grenzüberschreitend wahrgenommen werden, bietet die Globalisierung auch Erklärungen für die Erfolgsgeschichte der NGOs als Akteure im internationalen System. Umweltprobleme, wie beispielsweise der Klimawandel in Folge der Erwärmung der Erdatmosphäre, können nicht mehr von einzelnen Nationalstaaten alleine gelöst werden. Sie erfordern stattdessen eine transnationale Zusammenarbeit zwischen politischen und gesellschaftlichen Akteuren, um eine problemadäquate Lösung zu finden.

Infokasten 4-1: Commission on Global Governance (CoGG)

Die Commission on Global Governance wurde 1992 auf Initiative des ehemaligen deutschen Bundeskanzlers Willy Brandt ins Leben gerufen. Der Antrieb hierfür war die grundsätzliche Annahme, dass durch transnationale Kooperationen positive Effekte für die Bewältigung globaler Herausforderungen nutzbar gemacht werden könnten. Mit ihren Arbeiten zum Konzept *global governance* hat die CoGG dazu beigetragen, dass der Begriff von nationalen und zwischenstaatlichen Politikakteuren aufgenommen und von zahlreichen Wissenschaftlerinnen und Wissenschaftlern diskutiert und weiterentwickelt wurde.

Hier ein Auszug aus der Defintion von global governance, wie die CoGG sie vornimmt:

Governance is the sum of the many ways individuals and institutions, public and private, manage their common affairs. It is a continuing process through which conflicting or diverse interests may be accommodated and co-operative action may be taken. It includes formal institutions and regimes empowered to enforce compliance, as well as informal arrangements that people and institutions either have agreed to or perceive to be in their interest.

Examples of governance at the local level include a neighbourhood co-operative formed to install and maintain a standing water pipe, a town council operating a waste recycling scheme, a multi-urban body developing an integrated transport plan together with user groups, a stock exchange regulating itself with national government oversight, and a regional initiative of state agencies, industrial groups, and residents to control deforestation. At the global level, governance has been viewed primarily as intergovernmental relationships, but it must now be understood as also involving **non-governmental organizations (NGOs)**, *citizens' movements, multinational corporations, and the global capital market. Interacting with these are global mass media of dramatically enlarged influence.*

Quelle: Takur/Weiss 2006

Dieser Vorstellung einer gemeinsamen Politikgestaltung durch verschiedene Akteure - auch nichtstaatliche - wird mit dem Konzept *global governance* Rechung getragen (siehe vor allem Rosenau/Czempiel 1992). Dies bedeutet, dass Steuerungsfunktionen eben nicht mehr alleine durch den Staat oder die Regierung erfüllt werden, sondern dass auch NGOs, IGOs, Institutionen, Unternehmen, Experten, etc. an den internationalen politischen Prozessen Anteil nehmen (Brozus/Take/Wolf 2003). Zwar können Staaten auch weiterhin formal ihre hoheitsstaatlichen Handlungsansprüche geltend machen, doch besitzen sie kaum mehr alleinig durchschlagende Wirkung (vgl. Zürn 1998); aufgrund der Komplexität und Verflechtung von Problemlagen sind sie auf die Kooperation mit anderen Akteuren angewiesen, um entsprechende Lösungen zu finden und umzusetzen.

Von dieser ‚Entmachtungsspirale' staatlicher Instanzen durch Globalisierungsprozesse sind insbesondere die (Regierungs) Parteien des parlamentarischen Prozesses betroffen: Weil sich ihre gesetzgebenden Entscheidungskompetenzen primär auf den nationalen Raum beziehen, viele Probleme aber internationale Lösungen benötigen, besitzen sie nicht die notwendigen Gestaltungsmöglichkeiten, um diese bewältigen zu können. Anders ausgedrückt: Parteien und Verbände verlieren Macht, weil der Radius verbindlicher Rechtsetzung, in dem sie ihre Macht ausüben können, nicht mit dem geographischen Raum zusammenfällt, in dem die Ursachen für viele Problemzusammenhänge in den Politikbereichen Umwelt, Arbeitsmarkt, Sozialstaat, Wettbewerb oder Handel liegen (Albrow 1998).

Im Diskurs um die Zukunft gesellschaftspolitischer Entwürfe unter dem Eindruck und der Auswirkung von Globalisierung wird NGOs bei der beschriebenen Ausgangslage eine große Bedeutung beigemessen (Beck 1999: 159ff; Hauchler 1999: 26ff) – weil sie besonders darauf ausgerichtet sind, grenzüberschreitende, internationale Problemlagen zu thematisieren und Lösungen ins Spiel zu bringen, die auf spezifisch nationale Interessenlagen nur bedingt Rücksicht nehmen. Die grenzüberschreitenden gemeinsamen Problemlagen stiften somit transnationale soziale Zusammenhänge, innerhalb derer sich die Zivilgesellschaft in sozialen Bewegungen und durch NGOs organisiert und mittels der technischen Möglichkeiten via *world wide web* vernetzt (Beck 1986).

> *Infokasten 4-2:* Von der Staatenwelt zur globalen Ordnung
>
> Die Architektur der Staatenwelt beruht auf dem Westfälischen Frieden, durch den das internationale System souveräner Staaten grundgelegt wurde: Die 1648 im Anschluss an den Kongress in Münster und Osnabrück unterzeichneten Friedensverträge beendeten nicht nur den Dreißigjährigen Krieg, sondern durch den allgemeinen Friedensschluss (*pax universalis*) wurde auch die Voraussetzung für die Etablierung souveräner Staaten geschaffen. Prägend in diesem Vertragswerk ist die exponierte Rolle des Staates als steuernder, machtvoller Akteur, der souverän seine Belange nach innen (in Form verbindlicher Regierungsakte) und nach außen (durch das Gebot der Nichteinmischung in innere Angelegenheiten und als einziger völkerrechtlich relevanter Akteur) regeln und Prozesse steuern kann (Frantz 2001: 4f; Grande 1997).

Solch zunehmende Einbindung von nichtstaatlichen und zivilgesellschaftlichen Akteuren findet auch entsprechende Aufarbeitung in neueren Ansätzen Internationaler Beziehungen. Statt nur vom Staat als alleinigem oder dominierendem Akteur auszugehen, beziehen verschiedene Konzepte auch NGOs in ihre Analyse des internationalen politischen Systems mit ein. Neuere transnationale Ansätze untersuchen beispielsweise unter welchen Bedingungen auch NGOs auf staatliche Institutionen und internationale zwischenstaatliche Organisationen Einfluss gewinnen können (Risse-Kappen 1995). Andere Wissenschaftlerinnen stellten das „Bumerangmodel" auf, mit dem versinnbildlicht werden soll, wie nationale NGOs mit internationalen NGOs ein *advocacy network* bilden, um über die internationale Ebene Staatsblockaden umgehen zu können (Keck/Sikkink 1998a). Wiederum andere übertrugen NGO-Beteiligung in transnationalen Beziehungen auf das Konzept der „Weltkultur", in dem NGOs eine dominante Rolle spielen

(Boli/Thomas 1999) oder entwickelten Perspektiven eines möglichen „Weltstaates" (Albrow 1998: 266ff) bzw. einer „Weltinnenpolitik" (Calließ 1994; Menzel 1998; Senghaas 1992).

Die mit den Anschlägen des 11. September 2001 einsetzende neue Welle und Qualität des internationalen Terrorismus und die in der Folge durch eine Allianz von Staaten geführten Kriege in Afghanistan sowie im Irak haben zu Beginn des 21. Jahrhunderts der Konzeption der *global governance* wieder hintere Ränge auf der politikwissenschaftlichen Agenda beschert. Die im *global governance*-Konzept angedeutete Perspektive der „NGOisierung der (Welt-)Politik" (Messner 1996) wird heute innerhalb der Sozialwissenschaften weitaus kritischer gesehen als noch zum Ende der 1990er Jahre. Die konkreten Mitwirkungsmöglichkeiten und -grenzen werden im Folgenden anhand der Rolle von NGOs auf der Ebene von internationalen zwischenstaatlichen Organisationen - insbesondere der UNO und der EU - thematisiert.

4.1.2 NGOs als Mitspieler auf der Weltbühne

Heutzutage sind NGOs ein sichtbarer und aktiver Teil der internationalen Politik. Sie arbeiten in einer Vielzahl von Themenbereichen und unterstützen eine große Bandbreite an Zielen. Bekannte Beispiele von NGO-Beteiligung finden sich im Bereich der Menschenrechte, Umwelt, Entwicklungshilfe, humanitären Hilfe oder Friedensarbeit (Keck/Sikkink 1998a; Smith/Chatfield/Pagnucco 1997; Boli/Thomas 1999). NGOs sind jedoch auch in eher sensiblen Bereichen wie Abrüstung oder militärischer Überwachung aktiv (Price 1998: 613-664; Rutherford 2000: 74-114); zudem gibt es viele NGOs - ausgehend von einem erweiterten Begriffsverständnis (vgl. Kapitel 2) - die sich für ‚nicht-politische Angelegenheiten' einsetzen, beispielsweise für Freizeitaktivitäten, Erholungsclubs oder Sportverbände (Rittberger/Boekle 1996: 155-188; Young 1999: 127-148). Mit ihren vielfältigen Aktivitäten decken NGOs heute das gesamte Spektrum an Themen des öffentlichen Lebens ab.

Anders als politische Akteure der nationalen Sphäre begrenzen international operierende NGOs ihre Aktivitäten aber nicht auf ein definiertes nationales oder regionales Territorium, sondern sie engagieren sich bewusst ungeachtet von physischen Grenzen und ‚globalisieren' Probleme und entsprechende Zielsetzungen: Wenn sie beispielsweise für universale Menschenrechte, eine saubere Umwelt oder nachhaltige Ressourcennutzung eintreten, dann wollen NGOs diese Ziele nicht nur in einem Land oder einer Region durchsetzen, sondern streben in der Regel eine universelle Gültigkeit an. Im Transformationsprozess der Länder in Zentral- und Osteuropa spielen NGOs darüber hinaus eine besonders wichtige Rolle hinsichtlich ihrer unterstützenden Wirkung bei der Stabilisierung demokratischer Institutionen und der Etablierung einer demokratischen Kultur (Zimmer/Priller 2006).

Ein beeindruckender Aspekt in Bezug auf NGOs ist ihr enorm großer Zuwachs während der letzten Jahrzehnte. Die UIA in Brüssel registriert seit knapp 100 Jahren NGOs in allen Betätigungsbereichen, Politikfeldern und auf allen Ebenen. Über das letzte Jahrhundert verzeichnete sie eine stetige Zuwachsrate von internationalen NGOs: 1909 zählte die UIA gerade einmal 176 NGOs, die international tätig waren, Ende der 1930er Jahre waren es dann 581, Anfang der 1990er Jahre bereits 4646, 2004 sogar 7261 NGOs. Der Zuwachs an NGOs war Ende der 1970er/Anfang der 1980er Jahre besonders beeindruckend, als sich die Zahl der NGOs innerhalb von fünf Jahren verdoppelt hat.

Dementsprechend hat sich auch die Anzahl der NGOs in den einzelnen Aktivitätsbereichen erhöht, wobei allerdings der Zuwachs in manchen Politikfeldern größer war als in anderen. Seit den 1950er Jahren verzeichnet der Menschenrechtsbereich mit etwa einem Viertel aller NGOs proportional die meisten Organisationen, aber die absolute Anzahl von Menschenrechts-NGOs hat sich in den letzten 50 Jahren verfünffacht. Die dynamischste Entwicklung hat sich im Unweltbereich vollzogen. Während sich in den 1950er Jahren weniger als zwei Prozent aller NGOs mit Umweltthemen befasst hatten, ist dies heute die zweitstärkste Domäne, in der NGOs aktiv sind (Keck/Sikkink 1998a).

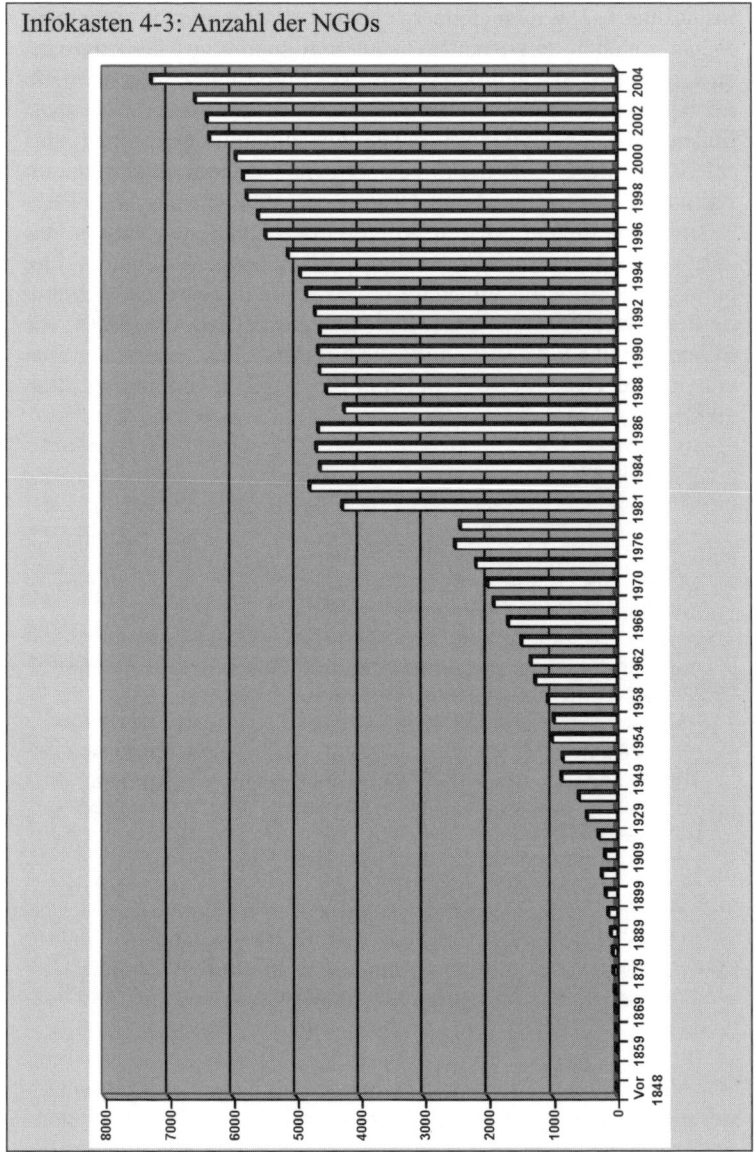

Infokasten 4-3: Anzahl der NGOs

Insbesondere seit dem Ende des Kalten Krieges entwickelten sich NGOs zunehmend zu einflussreichen Akteuren auf der internationalen Bühne, die politische Prozesse mitgestalten, die oberhalb der nationalen Sphäre auf der Ebene von *global governance* stattfinden. Sichtbar wurde ihr Potential der Mitwirkung am internationalen Geschehen beispielsweise bei internationalen Großveranstaltungen, die zahlreich zu Beginn der 1990er Jahre im UNO-Rahmen stattfanden. Diese Konferenzen boten den NGOs das ideale Parkett, um einerseits bei den politischen Akteuren ihre politischen Forderungen und Konzepte vorzutragen. Gleichzeitig stellten diese Konferenzen Medienereignisse dar, die NGOs als Bühne zu nutzen wussten, auf der ihre Aktivitäten wahrgenommen und in die Öffentlichkeit transportiert werden konnten (Calließ 1998).

Infokasten 4-4: UNO-Weltkonferenzen als Bühne für NGOs

Die Anzahl an NGOs sowie die Intensität, mit der sie an den Weltkonferenzen teilnahmen, zeigen auf, wie diese internationalen Verhandlungen zur Bühne der NGOs wurden: So nahmen beispielsweise mehr als 840 NGOs an der Wiener Menschenrechtskonferenz 1993 teil (Wiseberg 1993) und sogar ca. 1.400 NGOs waren während des Erdgipfel in Rio de Janeiro 1992 vor Ort anwesend (Clark/Friedman/Hochstetler 1998: 1-35). NGOs waren aber nicht nur Beobachter von außen, welche das Geschehen innerhalb der Konferenzräume verfolgten; einzelne NGO-Vertreter saßen vielmehr in Regierungsdelegationen und gestalteten als Berater das Ergebnis von rechtlichen Dokumenten mit. In Rio sollen bis zu 150 Staaten zeitweise NGO-Vertreter in ihre offizielle Delegation aufgenommen haben (Princen/Finger 1994:4); der Pazifikinselstaat Vanuata hatte seine Vertretung sogar vollständig an eine NGO abgegeben (Mathews 1997:55).

Vor allem bei den Protestkundgebungen im Zuge der Antiglobalisierungsbewegung, die verstärkt seit Ende der 1990er Jahre stattfinden, setzen sich NGOs medial wirksam durch bildgewaltige

Kampagnen in Szene. Während der Proteste in Seattle, Göteborg, Porto Alegre, Davos, Genua (und an vielen anderen Orten) haben sie gemeinsam mit globalisierungskritischen Bewegungen Abläufe von internationalen Verhandlungsprozessen beeinflusst und sogar zum Scheitern gebracht. Diese Proteste zeigten auch besonders die Kapazität von NGOs in der Mobilisierung und Netzwerkarbeit über Ländergrenzen hinweg (Smith/Johnston 2002; Andretta u.a. 2003; van Rooy 2004).

4.1.3 Frühe Politikarenen für NGOs

Dabei ist dieses Engagement von NGOs auf der internationalen Bühne kein neuartiges Phänomen. Obwohl sich Beziehungen zwischen NGOs und IGOs insbesondere seit den 1990er Jahren verstärkt institutionalisiert und intensiviert haben, ist die Geschichte ihrer Zusammenarbeit sehr viel älter: Beide Organisationstypen interagierten schon im 19. Jahrhunderts auf verschiedene Art und Weise, als sie während internationaler Kongresse gemeinsam an wichtigen Themen zusammen arbeiteten (Charnovitz 1997: 191). Oftmals sind auch internationale zwischenstaatliche Organisationen aus NGOs hervorgegangen oder NGOs haben sich tatkräftig für die Einrichtung einer internationalen zwischenstaatlichen Organisation oder transnationaler Abkommen eingesetzt.

Insbesondere mit dem Völkerbund - der Vorgängerorganisation der UNO - standen NGOs in regem Kontakt (Hüfner 1995: 15). Obwohl NGOs keinen formal anerkannten Status beim Völkerbund hatten, konnten sie doch häufig ihre Standpunkte in diesem Forum vortragen. NGOs präsentierten in Komitees des Völkerbundes mündlich Reporte, reichten geschriebene Stellungnahmen ein und beteiligten sich an Diskussionen. Sie gaben dem Völkerbund in vielen Situationen Rat, schlugen Lösungen und Verbesserungen für internationale Verhandlungen vor und saßen sogar bei Treffen in offiziellen Delegationen. NGOs leisteten aufgrund ihrer speziellen Expertise inhaltliche Beiträge zu verschiedenen Themen, wie z.B. Finanzen, Transport, Rauschgift, Flüchtlinge, Minderheitsrechte, Abrüstung, Kinder und Frauen, Natur oder Bildung (Charnovitz 1997: 222-237). Man schätzt, dass ca. 450 internationale NGOs mit dem Völkerbund in regelmäßigem und engem Kontakt standen (Chatfield 1997: 25).

> *Infokasten 4-5:* Das Rote Kreuz und sein politischer Vater
>
> Jean Henri Dunant (* 8. Mai 1828 in Genf; † 30. Oktober 1910) war ein Schweizer Geschäftsmann und ein Humanist christlicher Prägung. Während einer Geschäftsreise wurde er im Juni 1859 in der Nähe der italienischen Stadt Solferino Zeuge der erschreckenden Zustände nach einer Schlacht zwischen den verbündeten Truppen Piemont-Sardiniens und Frankreichs gegen die Armee Österreichs. Über seine Erlebnisse schrieb er ein Buch mit dem Titel „Eine Erinnerung an Solferino", das er 1862 auf eigene Kosten veröffentlichte und in Europa verteilte. In der Folge kam es ein Jahr später in Genf zur Gründung des INTERNATIONALEN KOMITEES DER HILFSGESELLSCHAFTEN FÜR DIE VERWUNDETENPFLEGE, das seit 1876 den Namen INTERNATIONALES KOMITEE VOM ROTEN KREUZ (IKRK) trägt. Die 1864 beschlossene Genfer Konvention geht wesentlich auf Vorschläge aus Dunants Buch zurück. Dunant, der 1901 zusammen mit Frédéric Passy den ersten Friedensnobelpreis bekam, gilt damit als Begründer der INTERNATIONALEN ROTKREUZ- UND ROTHALBMOND-ORGANISATION.

In manchen Kommissionen genossen NGO-Vertreter sogar alle Rechte und Privilegien eines offiziellen Repräsentanten, bis hin zum Wahlrecht (Robins 1960: 38; Seary 1996: 23). Insbesondere im Politikfeld Wirtschaftspolitik war die NGO-Beteiligung im Völkerbund-System ausgesprochen groß. Die INTERNATIONALE HANDELSKAMMER hatte drei Sitze im Beratenden Wirtschaftsausschuss und verfügte über volles Wahlrecht und direkte Teilnahme an Verhandlungen (Broadhurst/Ledgerwood 1998: 8). Ein solch enges Verhältnis prägte auch später den Status von NGOs bei der Internationalen Arbeitsorganisation (International Labour Organisation - ILO). Insgesamt gilt die erste Phase der Zusammenarbeit zwischen NGOs und Völkerbund als hoch kooperativ (White 1968: 252).

Die Interaktion zwischen NGOs und IGOs hat folglich eine lange Tradition: IGOs greifen seit langer Zeit auf die Mithilfe von NGOs bei der Erarbeitung internationaler Lösungen zurück. Sie haben sogar institutionelle Rahmen für ihr Verhältnis zu NGOs eingerichtet. Seit der Öffnung des UNO-Systems für mehr Zusammenarbeit mit NGOs zu Beginn der 1990er Jahre ist die Einbeziehung von NGOs um ein Vielfaches verstärkt worden. Der Cardoso-Bericht aus dem Jahr 2004 spricht sich für neue Richtlinien und Praktiken aus, die den NGO-Zugang zu und ihre Beteiligung an UNO-Prozessen regeln soll. Er löste anhaltende Diskussionen zur Reform des UNO-Systems aus, in denen mögliche Kooperationen und Vernetzungen zwischen NGOs und der UNO diskutiert wurden (UNO Doc. A/58/817). Viele andere IGOs (z.B. OSZE oder EU) sind dem Beispiel der UNO gefolgt und haben NGOs in ihre Systeme aufgenommen, und Richtlinien für ihre Zusammenarbeit entwickelt.

4.2 NGO-Aktivitäten im System der UNO

NGOs haben vielfältige Möglichkeiten, mit der UNO zu kooperieren. Sie unterstützen UNO-Institutionen und versorgen diese mit Informationen zu speziellen Arbeitsgebieten, sie beraten regelmäßig UNO-Kommissionen und -Komitees oder arbeiten gemeinsam mit ausführenden UNO-Organisationen zusammen. Die Interaktion erstreckt sich nicht nur auf konzeptionelle Arbeit, sondern umfasst auch die Implementationsphase von Programmen und Projekten. Seit den Anfängen der UNO waren NGOs in viele dieser Aufgaben involviert - inzwischen hat sich die Bandbreite und Intensität gemeinsamer Projekte enorm erweitert (siehe hierzu Martens 2005a). Diesen Möglichkeiten von NGOs, sich auf UNO-Ebene zu engagieren, soll in den ersten drei Abschnitten zu NGOs als *Agenda- und Standard-Setter*, als *Berater und Experten* und *Umsetzer von UNO-Projekten* nachgegangen werden.

4.2.1 NGOs als Agenda- und Standard-Setter

NGO-Aktivitäten auf UNO-Ebene zielen darauf ab, Themen auf die internationale politische Agenda zu setzen und internationale Standards in den jeweiligen Politikfeldern zu beeinflussen. Insbesondere für Themengebiete, die von der Staatenwelt nur gering oder gar nicht beachtet werden, wollen NGOs Aufmerksamkeit erzielen. Durch ihre Aktivitäten wollen sie die Ausarbeitung von internationalen Normen und Standards auf UNO-Ebene voranbringen, um auf Staaten Druck ausüben zu können, damit diese sich an ihre internationalen Verpflichtungen halten.

Im Bereich der Menschenrechte haben NGOs inzwischen bedeutend zum Fortschritt internationaler Normen beigetragen. Insbesondere machen sie Vorschläge für die weitere Entwicklung, Sicherung und Durchführung von Menschenrechtskonventionen. Einzelne NGOs waren sogar direkt in den Entwurfsprozess verschiedener Abkommen involviert. So beteiligten sich Experten von AMNESTY INTERNATIONAL am Entstehungsprozess der *Konvention gegen Folter* (Cook 1996: 189; Clark 2001) und am Entwurf der *Konvention über die Rechte des Kindes* (Price Cohen 1990). Ähnlich haben NGOs entscheidende Beiträge zum Forschritt von internationalen Standards für den Umweltschutz geleistet (siehe zum Beispiel Sands 1992 oder Tarlock 1993).

Viele NGO-Aktivitäten zielen darauf ab, die politischen Diskussionen auf UNO-Ebene zu beeinflussen. Insbesondere durch die Zulieferung von Informationen bemühen sich NGOs darum, dass politische Prozesse auf UNO-Ebene initiiert werden oder eine von ihnen gewünschte Richtung nehmen. Vor allem wollen Menschenrechts-NGOs auf diese Weise auf Staaten aufmerksam machen, die sich nicht an international vereinbarte Normen halten (*naming and shaming*).

> *Infokasten 4-6:* AMNESTY INTERNATIONALS „UNO-Methoden"
>
> Eine Repräsentantin beschreibt AMNESTY INTERNATIONALS Vorgehen bei der UNO folgendermaßen: „Obviously the methods used at the UN are different from the methods used when campaigning at street level, and have to be tailored expressly for the UN fora and audience to maximize the opportunities that are unique to the UN ... methods and strategies were extremely varied, ranging from reading out oral statements at meetings, widely distributing specific documents, to ad hoc lobbying of the diplomatic community, either through UN meetings or through formal representation by the AI UN representatives at the respective permanent missions."
>
> Quelle: Martens 2005a: 56f

Häufig nutzen sie dazu zunächst die offiziellen Wege, die ihnen die UNO geschaffen hat, um ihre Informationen einzubringen: So bietet sie etwa regelmäßig stattfindende Sitzungen, planmäßige Treffen oder feste Komitees, an denen NGOs teilnehmen können, ihre Beiträge zu Protokoll genommen werden und sie somit in den Politikprozess offiziell und formal eingebunden werden. NGOs können aber auch durch paralleles, informelles Lobbying Einfluss auf UNO-Mitarbeiter und andere Regierungsvertreter nehmen. Die Informationen, welche auf einem dieser Wege bereitgestellt wurden, können dann in offiziellen UNO-Berichten oder von Regierungsvertretern in ihren Stellungnahmen genutzt werden.

Im Menschenrechtsbereich tragen NGOs beispielsweise zur Verbesserung der Menschenrechtssituation oder zur Vermeidung von Menschenrechtsverletzungen in verschiedenen Ländern bei, indem sie ihr spezielles *know how* in den politischen Debatten auf UNO-Ebene einbringen. Insbesondere vor und während der jährlichen, sechswöchigen Sitzung der Menschenrechtskommission in Genf waren NGOs bisher in der Bereitstellung von Informationen zu Menschenrechtsverletzungen für UNO-Mitarbeiter und Regierungsvertreter aktiv[5]. Auf diese Weise zielen sie darauf, die Diskussionen zu einem spezifischen Land oder einem spezifischem Thema vorzustrukturieren. Bisweilen gelingt es ihnen sogar, das Programm der Kommission mitzugestalten, indem sie der UNO Vorschläge machen, ein spezifisches Land auf die Tagesordnung zu setzen.

Infokasten 4-7: AMNESTY INTERNATIONAL (AI) in Zusammenarbeit mit der UNO

AI-Experten leiten oftmals Fragen und Informationen an die Mitglieder des Ausschusses gegen Folter (Committee Against Torture/CAT) weiter, die ihren Weg in die Berichte und Schlussfolgerungen des Ausschusses finden. Ein gutes Beispiel hierfür bietet die Arbeit von AMNESTY INTERNATIONAL vor einer CAT-Untersuchung zu Russland. AI hatte Berichte bezüglich der dort stattfindenden Folter und Menschenrechtsverletzungen veröffentlicht; parallel dazu hatte sich das internationale Sekretariat von AI in London an russische NGOs gewandt und bat um zusätzliche Informationen. Vier russische NGOs reagierten darauf und leiteten ihre Berichte an CAT weiter; eine von ihnen schickte sogar ihren eigenen Vertreter zu der entsprechenden Sitzung. Bei der Befragung zu Russland bezog man sich dann viele Male auf die Informationen aus dem Bericht von AMNESTY INTERNATIONAL; auch die Informationen der russischen NGOs, die durch AI zur Berichterstattung ermutigt wurden, wurden zur Kenntnis genommen. Darüber hinaus wurde die Anhörung von einem russischen Rundfunk gesendet (Clapham 2000:182).

Neben der punktuellen Sitzung der Menschenrechtskommission arbeiten NGOs auch das ganze Jahr kontinuierlich mit der UNO zusammen. Sie tauschen regelmäßig Informationen mit den zuständigen UNO-Mitarbeitern - so genannten *desk-officers* - aus: Diese arbeiten schwerpunktmäßig zu einem bestimmten Land bzw.

---

[5] Die Menschenrechtskommission ist im Frühjahr 2006 durch den „UN-Menschenrechtsrat" ersetzt worden.

einer Region oder zu thematischen Schwerpunkten innerhalb eines Politikfeldes wie z.B. der Diskriminierung von ethnischen Minderheiten. Diese *desk-officers* sind häufig wichtigste Bezugspunkte für NGOs innerhalb des UNO-Systems. NGOs versorgen sie mit Berichten und Forschungsresultaten zu Menschenrechtsverletzungen, so dass diese sie an höhere Stellen im UNO-System weiterleiten oder in ihren Länderberichten bzw. thematischen Schwerpunktberichten nutzen können.

NGO-Berichte und Zusammenfassungen zur Menschenrechtssituation in einem speziellen Land dienen den UNO-Mitarbeitern häufig als unerlässliches Hintergrundmaterial. Sind die jeweiligen Länderberichte fällig, gewinnen Informationen von NGOs für Komiteemitglieder eine besonders große Bedeutung, da diese ihnen helfen, ihre entsprechenden Fragestellungen zu konkretisieren. NGOs haben auf der UNO-Ebene den Status von *unofficial researcher*, da solche Aufgaben mit den zur Verfügung stehenden Mitteln der UNO kaum bewältigt werden können (Gaer 1996: 56). In einigen Fällen verlässt sich die UNO in bemerkenswertem Ausmaß auf NGO-Informationen: 1995 wurden zum Beispiel 74 Prozent der in Arbeitsgruppen zu „Willkürlichen Verhaftungen" (*arbitrary detentions*) behandelten Fälle von internationalen NGOs vorgeschlagen (Gaer 1996: 55). Solche Informationen von NGOs sind häufig die einzige nichtstaatliche Informationsquelle. Steht diese Quelle nicht zur Verfügung, so sind UNO-Mitarbeiter darauf angewiesen, allein Verlautbarungen von Regierungsstellen zu Grunde zu legen (Weschler 1998: 144).

4.2.2 NGOs als Berater und Experten

NGOs sind nicht nur als Zulieferer von Informationen in Prozesse auf UNO-Ebene eingebunden, sie fungieren auch als *policy*-Berater. So laden UNO-Mitarbeiter gelegentlich Vertreterinnen und Vertreter von NGOs ein, um ihren Rat zu einem spezifischen Problem einzuholen, oder Regierungsvertreter bieten Repräsentantinnen und Repräsentanten von NGOs an, in der Phase der Entstehung von *drafts* - also von Entwürfen offizieller UNO-Dokumente zu einem politischen Sachverhalt - sich der offiziellen Delegation in beratender Funktion anzuschließen.

Ein Paradebeispiel ist der Menschenrechtsbereich: Vertreter von Menschenrechts-NGOs werden immer öfter zu Komitees oder Arbeitsgruppen eingeladen, da sie sowohl juristisches Fachwissen als auch die notwendigen ‚handwerklichen' Fähigkeiten besitzen (Schmitz 1997: 53). Besonders seit ihrer Teilnahme an der Menschenrechtskonferenz 1993 in Wien werden NGOs für ihr Fachwissen und ihre Bereitstellung von fachlicher Unterstützung bei der Entwicklung von Menschenrechtsstandards geschätzt. NGOs sind ihrerseits ebenfalls daran interessiert, an der Textentwicklung (*travaux préparatoires*) teilzunehmen, weil häufig bereits in dieser Phase zukünftige Standards diskutiert und für die endgültigen Dokumente verschriftlicht werden.

> *Infokasten 4-8:* NGOs als Ausgleicher mangelnder UNO-Kompetenz?
>
> Eine Vertreterin von HUMAN RIGHTS WATCH beschreibt die mangelnde Kompetenz von Diplomaten im Menschenrechtsausschuss folgendermaßen: *„Es sind oft sehr junge Diplomaten, die ihre Länder vor der Kommission und dem Dritten Komitee der UNO-Generalversammlung repräsentieren. Für sie kann das der Start ihrer Karriere sein. Als Folge fehlt es ihnen jedoch an Erfahrung; sie müssen darüber hinaus ihre Arbeitsplätze regelmäßig wechseln. Manchmal mangelt es daher an Kontinuität zwischen der Menschenrechtsarbeit einer spezifischen Regierung in Genf (wo die Kommission tagt) und den Aktivitäten des Dritten Komitees der Generalversammlung, deren Sitzungen in New York stattfinden. Dies ist auf die Tatsache zurückzuführen, dass die Arbeit von unterschiedlichen Individuen ausgeführt wird, deren Kommunikation untereinander sich nicht immer als effektiv erweist"* (Weschler 1998: 153, Übersetzung KM).

Daher „scheinen Menschenrechts-NGOs heute kurz davor, ‚Insider' zu werden, welche durch und mit der UNO arbeiten, um das zu erreichen, was für sie in der Vergangenheit nicht möglich oder nicht erstrebenswert war – die Bereitstellung rechtlicher Dienstleistungen" (Gaer 1996: 60, Übersetzung KM). UNO-Diplomaten fehlt dagegen oft das nötige Wissen, da ihr Beruf den Wechsel zwischen verschiedenen Posten mit entsprechend unterschiedlichen Sachzuständigkeiten mit sich bringt, während NGO-Vertreterinnen und Vertreter in ihren angestammten Arbeits- und Expertisefeldern verbleiben und Informationsvorsprünge ausbauen können (Weschler 1998: 153). In der Folge nehmen viele Diplomaten im Menschenrechtsbereich kurz nach Antreten ihrer Posten häufig Kontakt mit Repräsentanten der von der UNO akkreditierten NGOs auf, da solche Kontakte normalerweise verlässliche Materialien und hilfreiche Analysen einbringen (Weschler 1998: 153).

In der humanitären Hilfeleistung arbeiten NGOs und die UNO zwar ‚traditionell' eher im Feld zusammen, heute werden solche NGOs aber auch vermehrt in das UNO-Politikforum integriert. Immer wieder gelingt es ihnen, die Agenda der humanitären Hilfeleistung zu beeinflussen (Chandler 2001). Anders als in anderen Politikfeldern tragen NGOs der humanitären Hilfeleistung zu Prozessen der Politikformulierung normalerweise nicht als einzelne NGOs bei, sondern werden eher durch gemeinsame Netzwerke aktiv. Eines der einflussreichsten Netzwerke, das die UNO mit Ratschlägen unterstützt, ist das *Steering Committee for Humanitarian Response* (SCHR). Dieses wurde 1992 als Reaktion auf die explosionsartige Zunahme von humanitären NGOs als ein Zusammenschluss der neun größten internationalen Organisationen gegründet. Die dem Netzwerk angehörigen NGOs werden bei der UNO insbesondere für ihre reiche Erfahrung geschätzt: Aufgrund der Vielfalt ihrer Mitglieder bündelt das SCHR Wissen zu vielen Gegebenheiten und hat Erfahrung in aus verschiedensten Situationen im Feld gewonnen. „Die Stärke der advocacy-Arbeit von SCHR liegt weniger darin, dass immer eine einheitliche Meinung vertreten wird, sondern vielmehr, dass man sich auf einheitliche Erfahrung beziehen kann" (Steering Committee for Humanitarian Response 2000, Übersetzung KM).

4.2.3 NGOs in der Umsetzung von UNO-Projekten

Die UNO arbeitet auch während der Implementierungsphase von Projekten oft mit NGOs zusammen. da beide häufig ähnliche oder manchmal sogar identische Ziele verfolgen. UNHCR unterschreibt zum Beispiel jährlich einen Partnerschaftsvertrag mit rund 500 NGOs der humanitären Hilfeleistung und unterstützte beispielsweise 1997 über 440 NGOs in mehr als 130 Ländern finanziell, um knapp 1000 Projekte durchzuführen. In den letzten Jahren haben immer mehr UNO-Institutionen den Vorteil einer Kooperation mit NGOs während der Implementationsphase von Projekten erkannt (UNO Doc. A/53/170 §III,36).

Die Beziehung zwischen diesen ausführenden Organen der UNO und den NGOs im Feld sind ausdifferenziert. NGOs und die UNO koordinieren zum Beispiel ihre Aktivitäten und teilen die Aufgaben unter sich auf. NGOs erfüllen oft zusätzliche und ergänzende Rollen, wobei sie teilweise Funktionen der UNO übernehmen, so wie z.B. die Verteilung von Essen und Kleidung. NGOs können auch für spezielle Zwecke einen Vertrag mit der UNO eingehen und Programme direkt im Namen der UNO durchführen (*outsourcing*) (Gordenker/Weiss 1998: 44).

Sowohl die UNO als auch die NGOs profitieren von einer engen Zusammenarbeit im Feld. Für die UNO liegen die vergleichbaren Vorteile dieser ‚Dienstleistung'-NGOs „in einer Nähe zu ihren Mitgliedern oder Klienten, ihrer Flexibilität und dem hohen Maß an Integration und Beteiligung von Leuten in ihre Aktivitäten, was zu großem Engagement, angemessenen Lösungen und hoher Akzeptanz der in die Tat umgesetzten Entscheidungen führt" (UNO Doc. A/53/170 §III,33, Übersetzung KM). Darüber hinaus haben NGOs oft bessere (Finanz-)Quellen als die UNO. Budgets einzelner NGOs im Bereich der humanitären Hilfe, wie z.B. das von CARE INTERNATIONAL, sind sogar höher als das gesamte Budget des UNHCR. Die Kooperation mit NGOs hilft der UNO daher, ihr Mandat zu erfüllen.

NGOs brauchen dagegen die UNO oft zur Sicherung der Infrastruktur, in der sie arbeiten. Die UNO ist häufig allein zuständig für logistische Dienste und insofern hängen NGOs - insbesondere bei Notfallsituationen - von ihr ab. Von besonderer Bedeutung ist die UNO für NGOs, wenn sie die Kontrolle und die Leitung einer gesamten Region übernommen hat, in der eine NGO arbeiten soll. Darüber hinaus müssen NGOs auch oft aus Sicherheitsgründen mit der UNO in Kontakt treten, da sie in Krisensituation häufig die einzige Instanz ist, die für Schutz und Logistik sorgt (vgl. Harris/Dombrowski 2002).

Allerdings ist dieser Zusammenarbeit zwischen NGOs und der UNO auch Grenzen gesetzt; NGOs haben weder unbegrenzt Zugang zu allen UNO-Einrichtungen, noch sind alle NGOs gleichermaßen an den Aktivitäten beteiligt. An zwei Beispielen (*Beschränkungen des Konsultativstatus* und *informelle Interaktionsmuster*) lässt sich zeigen, wie NGOs ihr Aktivitätsspektrum bei der UNO nun in der Praxis ausschöpfen und wo sie ihre Grenzen finden. In Kapitel 2 wurden bereits die rechtlichen Voraussetzungen für NGOs zur Einbindung in das UNO-System und deren Neuregelung seit 1996 angesprochen.

4.2.4 Beschränkungen von NGO-Interaktion am Beispiel Konsultativstatus

NGOs und UNO haben jeweils gute Gründe, warum sie ihr Verhältnis durch den Konsultativstatus stabilisieren. Akkreditierte NGOs erhalten leichteren Zugang zur UNO: Sie können UNO-Gebäude betreten, an Sitzungen der UNO teilnehmen, und haben die Möglichkeit mit UNO-Mitarbeitern und Diplomaten in Kontakt zu treten. Sie erhalten Informationen über Vorgänge in der UNO und können Informationen verbreiten. Die UNO ihrerseits erhält durch die Zusammenarbeit mit NGOs auch zusätzliche Informationen, wertvolle Ratschläge und Expertise. Darüber hinaus gewinnen beide Seiten durch die Verrechtlichung ihres Verhältnisses an Legitimität: NGOs sind von einer offiziellen Institution als Akteur auf internationaler Ebene anerkannt (vgl. Kapitel 2); die Aktivitäten der UNO gewinnen an demokratischer Anerkennung, weil sie zivilgesellschaftliche Organisationen in ihren Foren beteiligt.

Infokasten 4-9: Konsultativstatus als Türöffner

Der Konsultativstatus öffnet NGOs im wörtlichen Sinne die Türen zur UNO: Durch den offiziellen Status erhalten NGO-Repräsentantinnen und Repräsentanten einen Pass, der es ihnen erlaubt, spezielle NGO-Eingänge zu benutzen. Sie müssen sich daher nicht in die langen UNO-Besucherschlangen einreihen und deren strengen Sicherheitskontrollen durchlaufen. Auch haben sie - bis auf einige Ausnahmen - Zugang zu vielen Bereichen, in denen sich normalerweise nur Diplomaten, Regierungsvertreter und UNO-Mitarbeiter aufhalten dürfen. Diese Möglichkeiten zu direktem *face to face*-Kontakt mit ihnen sind in der Tat bisweilen effektiver als jedes offizielles Vorgehen. Wie eine Vertreterin von AMNESTY INTERNATIONAL berichtet: „Bei jedem UNO-Treffen sind die Gespräche in den Cafeterien genauso wichtig wie die offiziellen Reden, wenn nicht sogar wichtiger" (Cook 1996: 187, Übersetzung KM).

Die Zahl der NGOs mit einem offiziellen Verhältnis zur UNO ist seit der Einrichtung des Akkreditierungsschemas enorm angestiegen. Als der Konsultativstatus in den späten 1940er Jahren eingeführt wurde, waren rund 40 NGOs bei der UNO akkreditiert. In den 1960ern hatte sich diese Zahl auf knapp 400 erhöht, in den frühen 1990ern waren schon 744 NGOs akkreditiert. Seit Mitte der 1990er hat sich die Anzahl an akkreditierten NGOs explosionsartig vermehrt: Während 1996 zwar schon 1126 NGOs den Konsultativstatus hielten, hatte sich die Zahl nur fünf Jahre später fast verdoppelt – Ende 2001 waren 2151 NGOs mit offiziellem Status bei der UNO registriert. Ende 2005 waren 2614 NGOs bei der UNO akkreditiert.

Für diesen enormen Zuwachs gibt es verschiedene Gründe: Als Nachwirkung der UNO-Konferenzen während der ersten Hälfte der 1990er haben sich viele NGOs, welche zuvor nur informelle Beziehungen mit den UNO hatten, für den Konsultativstatus beworben, um ihr Verhältnis zu formalisieren. Auch viele nationale NGOs, die sich vor der Neuregelung des Konsultativstatus im

Jahre 1996 nicht hätten bewerben können, nahmen nun die Möglichkeit der UNO-Akkreditierung wahr und beantragten Konsultativstatus. Auch wurden diverse UNO-Unterorganisationen, welche z.T. ihre eigenen Mechanismen zur NGO-Akkreditierung hatten, gebeten, Listen von Partner-NGOs bereitzustellen, die dann automatisch im Konsultativstatusschema aufgenommen wurden (Martens 2005a). So kamen 1999 über 400 NGOs hinzu, die neu akkreditiert waren.

Infokasten 4-10: Anzahl der NGOs mit Konsultativstatus bei der UNO

Jahr	Allgemeiner Konsultativstatus	Besonderer Konsultativstatus	Gelistete NGOs („Roster")	GESAMT
1948	7	32	1	40
1949	9	77	4	90
1968	12	143	222	377
1969	16	116	245	377
1983	31	239	422	692
1992	38	297	409	744
1994	40	334	410	784
1995	69	436	563	1068
1996	81	499	646	1126
1997	88	602	666	1356
1998	100	742	663	1505
1999	111	918	909	1938
2000	122	1048	880	2050
2001	124	1132	895	2151
2002	131	1197	906	2234
2003	131	1316	903	2350
2004	134	1474	923	2531
2005	134	1545	935	2614

Quelle: Martens 2005a: 125

Obwohl der Konsultativstatus NGOs viele Wirkungsoptionen ermöglicht, wird er auch kritisch gesehen. Hauptkritikpunkte sind das Auswahlverfahren des Komitees zur Akkreditierung von NGOs sowie seine Zusammensetzung aus Regierungsvertretern, die NGOs nicht nach ihren Anliegen sondern aufgrund von politischen Kriterien bewerten. Darüber hinaus kann der Konsultativstatus auch eine Art Druckmittel darstellen, sich an die ‚Spielregeln' der UNO zu halten. Dies wird von einigen Beobachtern als problematisch eingeschätzt, wenn der Status dazu führt, dass NGOs, aufgrund einer zu intensiven Integration in das System, ihre Unabhängigkeit verlieren, die für ihre Arbeit als kritische Beobachter elementar ist (Schulze 1994: 134). Darüber hinaus haben NGOs keinen rechtlichen Anspruch auf den Konsultativstatus, auch wenn sie alle von der UNO gesetzten Kriterien erfüllen.

Der Konsultativstatus spiegelt daher nicht unbedingt ein repräsentatives *sample* des NGO-Sektors wider. Das Auswahlverfahren des Konsultativstatus führt zu einer Bevorzugung großer, international agierender NGOs und NGO-Dachverbände, während es für kleinere NGOs häufig schwieriger ist, anerkannt zu werden (Schmidt/Take 1997: 19). Darüber hinaus gibt es einige Themenbereiche, in denen die Hürden für die Akkreditierung besonders hoch liegen. Dies betrifft vor allem NGOs, die in einem spezifischen Politikfeld oder zu einer geographischen Region arbeiten, die das unmittelbare Interesse eines Mitglieds des NGO-Komitees betreffen. Zum Beispiel haben NGOs, die sich mit Themen im Zusammenhang mit Tschetschenien oder Kashmir befassen, erhebliche Schwierigkeiten, akkreditiert zu werden, sofern Russland oder Indien Mitglieder des NGO-Kommittees sind. Insbesondere Menschenrechts-NGOs haben es schwer, den Status zu erhalten und stellen die am meisten diskutierte Gruppe von Organisationen dar; NGO-Vertreter schätzen, dass von zehn Bewerbungen, die im Komitee diskutiert werden, neun Menschenrechtsorganisationen betreffen (Martens 2005a).

Selbst international bekannte NGOs sind bereits an dem Versuch gescheitert, den UNO-Status zu erhalten: HUMAN RIGHTS WATCH (HRW) hat sich zum ersten Mal für den Konsultativstatus im Jahr 1991 beworben – und wurde abgelehnt. Obwohl HRW schon damals nach AMNESTY INTERNATIONAL die zweitgrößte

Menschenrechtsorganisation der Welt darstellte, verhinderte eine Allianz von sechs Staaten ihre Akkreditierung als konsultierende NGO bei der UNO. Die *‚gang of six'* - wie damals die New York Times Kuba, Irak, Syrien, Liberien, Algerien und den Sudan nannte - war zuvor wegen ihrer Menschenrechtsverletzungen Zielscheibe der HRW-Kritik gewesen und hatte daher großes Interesse, dass diese Kritik nicht in die UNO hineingetragen würde. Diese Staaten stoppten die Bewerbung von HRW mit der Begründung, die NGOs verbreite falsche Informationen über diese Länder (Korey 1998: 352). Nach der Ablehnung musste HRW weitere zwei Jahre warten, bis sie sich erneut bewerben konnte und 1993 dann den Status erhielt. Da die Medienwirkung bei der ersten Ablehnung derart groß - und letztlich kontraproduktiv für die entsprechenden Staaten - war, gab es bei der erneuten Bewerbung von HWR keine Akkreditierungsprobleme.[6]

Ähnlich wie HRW erging es auch HUMAN RIGHTS IN CHINA (HRIC), als sich diese NGO um den Status bewarb. HRIC ist eine von chinesischen Wissenschaftlern und Menschenrechtlern im Jahre 1989 gegründete NGO, die die Umsetzung von Menschenrechtsstandards in China überprüft. Sie führt sowohl advocacy-Arbeit als auch Bildungsprogramme für Chinesen innerhalb und außerhalb des Landes durch. 1998 stellte sie den Antrag auf Konsultativstatus bei der UNO. Nach den üblichen administrativen Vorgängen sollte ihre Bewerbung während der Komiteesitzung im Juni 1999 besprochen werden. Da die NGO Widerstand der chinesischen Vertretung gegen ihre Bewerbung um Konsultativstatus befürchtete, begann sie bereits in den Wochen vor der Sitzung damit, Lobbyarbeit zu betreiben. Vertreter der NGO trafen sich mit Delegationsmitgliedern, um diese von ihren Zielen und von den beiderseitigen Vorteilen einer Zusammenarbeit mit der UNO zu überzeugen. Gleichzeitig „lobbyte" auch die chinesische Delegation gegen eine Akkreditierung der NGO. Einige Landervertreter deuteten der NGO bereits in den Gesprächen an, dass der

---

[6] Weitere Beispiele von Menschenrechts-NGOs mit Statusproblemen auf UNO-Ebene sind: FREEDOM HOUSE, CHRISTIAN SOLIDARITY INTERNATIONAL und TRANSNATIONAL RADICAL PARTY (vgl. z.B. UNO Doc. E/2000/88 (Part II) §70-124 and UNO Doc. E/2001/8 (2001); für eine gute Analyse dieser Fälle, siehe Aston (2001).

Druck der Chinesen sehr groß sei, die Bewerbung von HRIC abzulehnen. Ein Vertreter legte der NGO sogar nahe, ihre Bewerbung vollständig zurückzuziehen (in Martens 2005a).

> *Infokasten 4-11:* „Huckepack" in die UNO?
>
> Trotz Ablehnung der Bewebung um den Konsultativstatus hat HUMAN RIGHTS IN CHINA einen Zugang zur UNO erhalten: die NGO schloss sich 2001 der internationalen föderativen NGO FÉDÉRATION DES DROIT DE L'HOMME (FIDH) an, in der nationale NGOs Mitglied werden können. FIDH hat bereits seit mehreren Jahrzehnten den Konsultativstatus bei der UNO inne. Die FIDH übt also sozusagen eine Art Huckepack-Funktion für ihre Mitglieds-NGOs aus, zum Beispiel für HRIC. Durch die Mitgliedschaft bei FIDH wurde es HRIC somit möglich, an UNO-Foren teilzunehmen, welche sonst der NGO nicht zugänglich gewesen wären. HRIC konnte zum Beispiel an einem Treffen der Menschenrechtskommission im Jahr 2002 und 2004 teilnehmen, zu denen die NGO durch FIDH zugelassen wurde und durch Mitglieder vertreten war.

Die tatsächliche Diskussion zur Bewerbung von HRIC während der Komiteesitzung überschritt alle Erwartungen: Während Verfahren zur Diskussion von NGO-Fällen normalerweise fünf bis 30 Minuten dauern, debattierte man bei der HRIC-Bewerbung sechs Stunden. China - mit fünf anstatt wie normalerweise durch zwei Delegierte vertreten - setzte sich rigoros für eine Ablehnung der Bewerbung ein. Argumente der chinesischen Delegation zielten auf die Kompetenz, Mitgliederstruktur und das Aktivitätsprofil der NGO ab. Beispielsweise wurde von Seiten Chinas kritisiert, dass die Mitglieder der NGO nicht in China lebten, somit nicht hinreichend über die Menschrechtssituation informiert sein könnten; gleichzeitig schenke sie der Verbesserung der Menschenrechte in den USA, in dem die NGO angesiedelt ist, keine Beachtung. Zu den Mitgliedern der NGO gehören laut chinesischer Vertretung auch Kriminelle, die zuvor in China verurteilt worden waren; weiterhin stehe die NGO im Zusammenhang mit Abspaltungsgruppen in Tibet. Nach stundenlangen Diskussionen wurde HRIC der Konsultativstatus letztendlich mit 13 zu 3 Stimmen verwehrt – nur Frankreich, Irland und die USA stimmten für eine Akkreditierung (UNO Doc. E/1999/109 §24-26).

4.2.5 Neue informelle Interaktionsmodi zwischen NGOs und der UNO

Seit einigen Jahren haben sich neben den formalen Interaktionsmodi zwischen NGOs und der UNO auch verstärkt Möglichkeiten zur informellen bzw. semi-formellen Zusammenarbeit gebildet: So bietet z.B. die „Arria-Formel" (*Arria Formula*) einigen NGOs ein Forum zum Informationsaustausch mit einflussreichen Entscheidungsträgern innerhalb der UNO. Die Arria-Formel ist ein informelles Abkommen, welches dem UNO-Sicherheitsrat erlaubt, sich zu Fragen des internationalen Friedens und der Sicherheit auch von Nichtmitgliedern auf dem Laufenden zu halten. Im Herbst 1999 begann der Sicherheitsrat, dieses vergleichsweise offenere und flexiblere Konsultationsarrangement zuzulassen, wodurch nun auch NGO-Repräsentantinnen und Repräsentanten Zugang zu hochrangigen UNO-Diplomaten erhalten. In den letzten Jahren haben sich Briefings auf Basis der Arria-Formel zu einem festen Bestandteil des NGO-UNO-Verhältnisses entwickelt und werden inzwischen von allen Teilnehmern anerkannt (Paul 2003).

Laut der vom GLOBAL POLICY FORUM bereitgestellten Information zu dem Ursprung der Arria-Formel wurden diese Treffen nach dem venezuelanischen Botschafter der UNO, Diego Arria, benannt, der sie 1993 eingerichtet hatte: Während der damaligen Jugoslawien-Krise kam ein bosnischer Priester nach New York und bat verschiedene Ratsmitglieder, sich mit ihm auf informeller Basis zu treffen; nur der Botschafter Arria stimmte zu und war von der Information, die er von dem Priester bekam, derart beeindruckt, dass er der Meinung war, alle Ratsmitglieder sollten dies hören. Da es keine offiziellen Mechanismen gab, um ein Individuum wie diesen Priester formal vor dem Sicherheitsrat anzuhören, lud Arria die Ratsmitglieder ein, sich zum Kaffee in der Delegiertenlounge zu treffen.

Die Arria-Treffen sind heute in der Regel immer hochrangig besetzt – normalerweise besucht der diplomatische Vertreter eines Landes im Sicherheitsrat oder sein Stellvertreter die Veranstaltung und nur selten kommen individuelle Mitglieder der Einladung zu einem Arria-Treffen nicht nach. Darüber hinaus werden die Treffen von dem Ratsvorsitzenden als Teil eines festen Zeitplans am Anfang jeden Monats angekündigt, wodurch während des Treffens volle Übersetzung durch das Sekretariat gegeben ist und keine anderen Ratstreffen zu diesem Zeitpunkt angesetzt werden. Dennoch bleibt ihr Charakter auch weiterhin nur vage definiert. Es gibt bis heute keine festen Regeln, wie solche Briefings nach der Arria-Formel abzulaufen haben.

Arria-Treffen finden normalerweise monatlich, teilweise aber auch häufiger statt, und manche dieser Treffen beziehen auch NGOs als Teilnehmer ein. Im Jahr 2000 gab es drei Arria-Treffen mit NGO-Vertretern. 2001 haben vier Treffen stattgefunden, an denen auch NGO-Repräsentanten den Rat zu aktuellen Ereignissen auf den neuesten Stand bringen konnten. Im Jahr 2004 gab es mindestens sechs Treffen, in denen Mitglieder des Sicherheitsrates von NGO-Repräsentanten über bedeutende Themen informiert wurden.

Ähnlich wie auch die Arria-Formel stellt die *NGO Working Group on the Security Council* (WGSC) einen weiteren semiformellen Modus dar, durch den NGOs mit der UNO interagieren. Die WGSC wurde 1995 gegründet, als das erste private Treffen zwischen NGO-Repräsentanten und Sicherheitsratsmitgliedern stattfand. Heute stellt die *Working Group* ein Netzwerk von rund 30 großen NGOs dar, die ein besonderes Interesse an den Themen des Sicherheitsrats haben. Mitgliedsorganisationen kommen aus unterschiedlichen Politikfeldern wie Menschenrechte, humanitäre Hilfe, Abrüstung, Religion, *global governance* und Entwicklungspolitik.

Die WGSC hat sich zu einem einflussreichen Forum auf UNO-Ebene entwickelt und hat - obwohl sie keinen offiziellen Status hat - erstaunlich engen Zugang zu hohen UNO-Persönlichkeiten und Regierungsvertretern. Sicherheitsratsmitglieder schätzen das Fachwissen und die Erfahrung der NGOs, weil sie oft genauere und aktuellere Informationen zu spezifischen Situationen haben – insbesondere während Krisenperioden. UNO-Vertreter nutzen auch oft die Website der Arbeitsgruppe, da diese sie mit den umfassendsten und ausführlichsten Informationen zu aktuellen Themen versorgt. NGOs suchen gleichermaßen eine Zusammenarbeit mit dem Sicherheitsrat, da sie auf diese Weise ihre eigenen Themen besser zu platzieren hoffen. Von 1997 an hat die Arbeitsgruppe regelmäßig Treffen mit Mitgliedern des Sicherheitsrates abgehalten. 1999 haben zum Beispiel mehr als 33 dieser Treffen stattgefunden; 2004 waren es schon 50. Heute organisiert die WGSC fast wöchentlich Briefings in diplomatischen Einrichtungen, Restaurants oder anderen Treffpunkten.

Allerdings bieten diese neuen Interaktionsformen nicht für alle NGOs auch gleich optimale Möglichkeiten innerhalb der UNO aktiv zu werden. Arria-Treffen finden auf Einladung des Sicherheitsrates statt und die Mitglieder dieses Rates bestimmen, wen sie hören wollen. Entsprechend muss die NGO über eine Vertretung in New York verfügen bzw. die Ressourcen haben, eine Vertretung für ein Treffen explizit nach New York zu schicken. Doch nur die wenigsten NGOs verfügen über solche Mittel. Auch kann nicht jede NGO Mitglied der *Working Group* werden, sondern nur diejenigen erhalten Zugang, die in direkter Verbindung zu Themen des Sicherheitsrats arbeiten. Die WGSC erklärt: „NGOs that wish to join must apply and must prove the seriousness of their purpose and their organization's special program concern with the Security Council" (Global Policy Forum 2000).

Es sind also vor allem die an Ressourcen starken westlichen NGOs, die der WGSC angehören: AMNESTY INTERNATIONAL, CARE INTERNATIONAL, ÄRTZE OHNE GRENZEN usw. Insbesondere kleine NGOs und NGOs aus der südlichen Hemisphäre haben es daher schwer, die Optionen zur Zusammenarbeit mit der UNO voll auszuschöpfen. Sie können nicht über den Erhalt von Informationen hinausgehen - trotz der Öffnung des Konsultativstatus für nationale Organisationen. NGO-Arbeit in der UNO erscheint daher für viele kritische NGOs zunehmend zu einem Balance-Akt zwischen den Kooperationsmöglichkeiten und der Kooptationsfalle zu werden.

Infokasten 4-12: Public-Private Partnerships - NGOs und der Global Compact

Der *Global Compact* stellt eine freiwillige Vereinbarung zwischen der UNO und der internationalen Wirtschaftswelt dar. Sie geht auf eine Initiative des UNO-Generalsekretärs Kofi Annan zurück, der auf dem Weltwirtschaftsforum in Davos 1999 gefordert hatte, dass auch Unternehmen in das UNO-System eingebunden werden sollten. Im Dezember 2001 findet der *Global Compact* erstmals in einer Resolution der Generalversammlung Erwähnung.

Der *Global Compact* ist eine der *Public-Privat-Partnerships*, die vermehrt auf internationaler Ebene vereinbart werden. D.h. die UNO arbeitet mit dem Privatsektor im Rahmen freiwilliger Selbstbindung der Wirtschaftsunternehmen zusammen. Unternehmen wird angeboten unmittelbar an der Aufgabenerfüllung der UNO mitzuwirken, in dem sie verschiedene Grundsätze im Bereich der Achtung der Menschenrechte, Arbeitsrechte und der Umwelt in der Praxis ihrer Unternehmensführung beachten.

NGOs kommt im Rahmen des *Global Compacts* die Aufgabe zu, die Einhaltung dieser Prinzipien zu überwachen (*watchdog*). Zu den Mitgliedern des *Global Compact* zählen unter anderem AMNESTY INTERNATIONAL, HUMAN RIGHTS WATCH, oder die WORLD CONSERVATION UNION. Für viele radikale NGOs stellt der *Global Compact* allerdings einen „Faust'schen Pakt" dar, da sie ihre Seele an die UNO verkaufen (vgl. von Schorlemer 2002), während viele der großen transnational operierenden NGOs eher eine kooperative Haltung gegenüber dem *Global Compact* einnehmen und an dessen Verwirklichung mitwirken wollen.

Quellen: zum Global Compact siehe Bull/Boas/McNeill 2004; Sonderheft 11 der Zeitschrift „The Journal of Corporate Citizenship"; Paul 2001

4.3 NGOs im Mehrebenensystem der Europäischen Union

Die Europäische Union (EU) ist heute eine wichtige Plattform sowohl für die Vertretung von gesellschaftlichen Anliegen als auch für die Gründung und die Pflege von Netzwerken innerhalb der NGO-Szene. NGOs agieren auf der politischen Bühne Brüssels an der Schnittstelle von nationalem und supranationalem Raum. Hier können sie mit ihren transnationalen Bezügen und Organisationsstrukturen Vorteile ausspielen, stehen aber andererseits einer extrem gut organisierten Lobbying-Szene aus der Privatwirtschaft gegenüber, die mit besserer finanzieller Ausstattung ihre Klientel-Interessen vertreten. Die EU ist heute für NGOs auch deshalb besonders relevant, weil sie durch die Vertiefung in immer mehr Politikfelder an Macht gewonnen hat und somit dort die Adressaten für NGO-Aktivitäten zu finden sind: Lobbying zu Gunsten der Umwelt beispielsweise muss in einer vergemeinschafteten EU bereits im Umfeld der EU-Organe stattfinden, denn die nationalen Politikakteure sind hier nicht mehr die Weichensteller, sondern nunmehr die nachgeordneten Umsetzer dessen, was durch die EU als Rahmen vorgegeben wird. NGOs sind daher darum bemüht, an den Schaltstellen des Politikprozesses Einfluss geltend zu machen. Augenfällig wird dies durch die explosive Neugründung von NGOs in Brüssel in den 1990er Jahren. Für die politische Gestaltung im Rahmen des supranationalen, europäischen Politikprozesses spielen einige besondere Rahmenbedingungen eine Rolle: einerseits die Beteiligung unterschiedlicher Organe unter dem Dach der EU und andererseits deren Mehrebenendimension zwischen nationalstaatlichen sowie supranationalen Akteuren. Anders als im UNO-Kontext agieren NGOs im System der EU weitgehend unbemerkt von den Medien und von den Bürgerinnen und Bürgern der Mitgliedstaaten.

NGOs treten in Brüssel im politischen Kontakt mit den Organen der EU als *Lobbyisten* auf. Dabei profitieren sie derzeit von der Einschätzung seitens der EU-Akteure, dass via NGOs eine kommunikative *Brücke in die nationalen Gesellschaften* gebaut werden kann, die der EU-Politik zusätzliche demokratische Legitimation verleiht. Die Wahrnehmung ihrer politischen Funktionen auf EU-Ebene ist dabei jedoch ganz wesentlich davon abhängig, dass es NGOs gelingt, funktionierende *Netzwerke* zu installieren, in denen sie Informationsvorsprünge abschöpfen und politisch ummünzen können. Dies lässt sich mit Blick auf die *Einbindung von NGOs in den EU-Politikprozess* an einem konkreten Beispiel aus der Entwicklungspolitik praxisnah zeigen.

4.3.1 Lobbying auf dem Parkett der EU

Regieren in Europa stellt sich heute als ein Regieren im Mehrebenensystem dar, innerhalb dessen die Zuständigkeiten zwischen Nationalstaaten und der supranationalen Ebene nach dem Prinzip der Subsidiarität verteilt sind (Kohler-Koch/Conzelmann/Knodt 2004; Scharpf 1999). Da die EU in vergemeinschafteten Feldern bevorrechtigte Gesetzgebungskompetenz besitzt und somit den Rahmen für die Ausgestaltung im nationalen Kontext vorgibt, ist die politische Bühne Brüssels in bestimmten Bereichen für NGOs von höherer Relevanz als die nationale Bühne. So ist die EU in Fragen des Binnenmarktes inzwischen längst zur wichtigsten Instanz avanciert, auf die durch politisches Lobbying Einfluss auf politische Programme, auf Gesetzgebungsverfahren und die Vernetzung im Informationsfluss genommen werden soll (Joos 1998): Etwa 80 Prozent der nationalen Wirtschaftsgesetzgebung werden maßgeblich durch die Rahmensetzung Brüssels bestimmt.

Da NGOs sich in ihrem Selbstverständnis nicht darauf beschränken, Folgen von Politik als Missstände zu thematisieren, sondern im Diskussions- und Formulierungsprozess Einfluss auf die Politikgestaltung ausüben wollen, arbeiten sie im politischen Netzwerk der EU daran, günstige Positionen für das Lobbying zu besetzen (Jarren/Donges 2002). Ähnlich wie Verbände, Unternehmensvertreter oder regionale Vertreter schicken auch NGOs ihr Personal nach Brüssel, um in EU-Netzwerken tätig zu werden, weil sich nur durch die räumliche Nähe Kommunikation und Informationsaustausch einträglich entwickeln können: „Kontaktnetze sind das Kapital der Akteure" (Leif/Speth 2003:8). Während in Deutschland das Lobbying häufig negativ bewertet wird (Leif/Speth 2003; Strauch 1993: 97; van Schendelen 2001:3), stellt es etwa in den USA unter dem Begriff *Public Affairs Management* seit Jahren einen eigenen Forschungs- und Ausbildungsbereich dar. In den USA und in Großbritannien hat Lobbyismus nicht nur Tradition, sondern konnte aufgrund gesellschaftlicher Anerkennung auch eine hohe Qualität und Professionalität entwickeln. Davon profitieren NGOs mit internationalem Zuschnitt organisationell, weil sich dadurch entsprechende Kompetenzen unter ihrem übergreifenden Organisationsdach ergeben.

Die EU ist aufgrund der politischen Relevanz und ihrer hoheitlichen Rechte zu einer Hochburg für Lobbyisten geworden. Die EU ist aber gleichzeitig ausgesprochen massiv mit einem Vorwurf undemokratischer Politikgestaltung konfrontiert: Insbesondere wird gefordert, die „schon fast mythische Intransparenz der europäischen Entscheidungsprozesse klarer zu gestalten" (Kießling 2004). Vor allem müssen Verantwortlichkeiten und Zuständigkeiten besser zugeordnet werden. Anknüpfend an den von Leif und Speth (2003) genutzten Begriff von der „stillen Macht" der Lobbyisten wird assoziiert, dass in einem hochgradig differenzierten politischen System mit einer Vielzahl von Interessenakteuren ein Maß an Intransparenz droht, das aus demokratietheoretischer Sicht unerwünschte Folgen für die demokratische Entscheidungsfindung nach sich ziehen kann (Fücks 2003: 55).

4.3.2 NGOs als Kommunikationsbrücke zur Bevölkerung

Um die kritisierte Kluft zwischen der EU und den von ihren Entscheidungen betroffenen Bürgerinnen und Bürger zu verringern, sollen intermediäre Akteure - also die Organisationen der Zivilgesellschaft und damit auch NGOs - mit einem eigenen Anhörungsmandat in den politischen Gestaltungsprozess eingebunden werden. Dieses Zugeständnis an die Bedeutung von Interessenvertretern für demokratisches Regieren geht allerdings einher mit dem Gebot, ein höheres Maß an Transparenz zu gewährleisten. Der Zweck dessen ist es, deutlich zu machen, wer welche Interessen vertritt und wer in welche politischen Entscheidungsprozesse involviert ist. Formal sind auf dem Weg zu mehr Transparenz einheitliche Standards der Kommission für Konsultationen zur Politik aufgestellt worden. In einigen Bereichen wurden zusätzlich seitens der zivilgesellschaftlichen Repräsentanten partnerschaftliche Vereinbarungen getroffen, in denen die Lobby-Vertreter sich im Rahmen eines flankierenden Verhaltenskodex zu mehr Offenheit und Repräsentanz verpflichten.

> *Infokasten 4-13:* Verflechtung zwischen der EU und NGOs
>
> In ihrem Diskussionspapier kommt die EU zu folgendem Befund:
>
> „Zur Zeit werden jährlich mehr als € 1.000 Mio. den NGOs für Projekte seitens der Kommission vergeben, meistenteils im Bereich internationaler Beziehungen für Entwicklungs-Kooperationen, Menschenrechte, Programme zur Demokratieförderung und insbesondere für Projekte im Bereich der Humanitären Hilfe (durchschnittlich € 400 Mio). Andere bedeutende Zuwendungen fallen in den Bereich Soziales (ungefähr € 70 Mio), Bildung (etwa € 50 Mio) und Ökologie innerhalb der EU. Mehrere Hundert europäische und internationale NGOs erhalten Gelder der EU."
>
> Quelle: European Commission 2001: 2; Übersetzung CF

Angesichts der finanziellen Dimension der Zusammenarbeit von NGOs mit der EU und der positiven Wahrnehmung der NGO-Aktivitäten durch die Bürgerinnen und Bürger hat sich die Europäische Kommission Ende der 1990er Jahre entschlossen, die faktische Zusammenarbeit auf eine neue Basis zu stellen. Die Kommission erkennt die Rolle der NGOs für Brüsseler Politik nun explizit an und nutzt diese erkennbar in zweierlei Hinsicht: Zum einen werden NGOs als zivilgesellschaftliche Vertretung einbezogen, um auf diesem Wege die lang vermisste Brücke zu den nationalen Bevölkerungen in Europa schlagen zu können. Eine zweite Funktion, die den NGOs in der Lesart der Konsolidierung vom Regierungssystem zukommt, ist die der NGOs als „Legitimationsressource" (Brunnengräber/Walk/Klein 2001) für das supranationale politische System der EU.

Im Diskussionspapier der Kommission unter der Präsidentschaft von Romano Prodi weist die Kommission den NGOs nicht nur eine wichtige Rolle zu, (Teil-)Interessen der Bürgerinnen und Bürger in Brüssel wahrnehmbarer werden zu lassen, sondern sie bekräftigt darüber hinaus ihre Strategie, dass in Drittstaaten im Heranführungsprozess - wie etwa die 2004 aufgenommenen mittelosteuropäischen Transformationsländer - die NGOs aus Sicht der EU eine förderungswürdige Rolle gespielt haben. Mit der finanziellen Unterstützung verbindet die EU die Erwartung, dass NGOs in der Zivilgesellschaft als aktivierende Organisationskerne wirksam werden und so dabei helfen, die frisch institutionalisierten Demokratien mit Leben zu füllen.

Infokasten 4-14: NGOs im Weißbuch „Europäisches Regieren"

Im Weißbuch „Europäisches Regieren" (Kommission der Europäischen Gemeinschaften 2001) sowie durch ein Diskussionspapier der Kommission werden fünf wesentliche Strukturvorgaben entwickelt, um das Ziel einer stetigen, angemessenen und transparenten Beteiligung von NGOs an der EU-Politikgestaltung zu verwirklichen:

⇨ Ausrichtung an erprobten und erfolgreichen Kooperationsmodellen – das so genannte best practice-Verfahren;
⇨ Maßnahmen zur Gewährleistung von Transparenz;
⇨ Ankündigung anstehender Konsultationen; Informationen über Konsultationsverfahren und Fortschritte im Politikprozess an NGOs und Auflistung der involvierten Akteure inklusive der NGOs;
⇨ Akkreditierung;
⇨ Schaffung einer rechtlichen Grundlage für die Einbindung der NGOs entlang dessen, was für andere Sozialpartner bereits EU-vertraglich gesichert ist.

Dies ist 2001 durch die Regelungen zum Konsultationsverfahren im Weißbuch Europäisches Regieren formal umgesetzt worden.

Commission of the EU 2001: 10-12

Zwei weitere Ergebnisse in dem Bemühen, mehr Transparenz in der zivilgesellschaftlichen Repräsentation in Brüssel herzustellen, sind Verhaltenskodizes der EU-Organe einerseits für die Konsultation mit NGOs und anderen Organisationen der Zivilgesellschaft sowie andererseits solche Kodizes, die von den NGOs selber verfasst und unterzeichnet werden, die wiederum eine Selbstverpflichtung ihrer Vertreter und der Organisationen im Hinblick auf die Interaktion im europäischen Regierungssystem darstellen. Vor allem handelt es sich um solche Verpflichtungen, die sich auf die Information der Öffentlichkeit beziehen (Commission of the EU 2001; Kommission der Europäischen Gemeinschaften 2001). Die Bestimmungen des Weißbuches werden für die politische Bürokratie der EU - die Kommission und die ihr angegliederten Organisationseinheiten - als Verwaltungsvorschrift ausbuchstabiert und in konkrete Informations- und Rechenschaftsgebote gegenüber zivilgesellschaftlichen Akteuren übersetzt. Organisatorisch spiegelt sich die engere, geförderte und in Teilen auch gesteuerte Vernetzung wider in der Datenbank „Konsultation, die Europäische Kommission und die Zivilgesellschaft" („Consultation, la Commission européenne et la Societé Civile", kurz: CONECCS) (vgl. Links-Sammlung im Anhang). Zivilgesellschaftliche Organisationen, die sich bei der EU registrieren lassen und damit auch in Verteiler für Informationen und Vorgänge innerhalb des EU-Gesetzgebungsprozesses aufgenommen werden, sind hier verzeichnet.

4.3.3 NGO-Vernetzung im EU-Kontext

Die Tätigkeit von NGOs basiert auf einer kenntnisreichen und strategisch wirksamen Analyse der Einflussmöglichkeiten der EU-Politik, der hierfür entscheidenden Akteure je nach Politikfeld und spezifischer Politikentscheidung sowie dem Wissen um die eigenen Ansatzpunkte für wirksames Lobbying. Die zuständigen Experten in den NGOs müssen analysieren, welche gesetzgeberischen Kompetenzen in Brüssel liegen und wo gegebenenfalls auch jenseits des nominell betroffenen Politikfeldes weitere mögliche Einfalltore für das Lobbying - also den Versuch der Einflussnahme auf die Politikgestaltung - geöffnet sein könnten. Das Personal in

NGOs steht dabei vor derselben Herausforderung wie die Konkurrenz um politische Einflussnahme bei den Verbänden oder etwa der Industrie: Sie müssen das Netzwerk mächtiger Akteure im Gesetzgebungsprozess dechiffrieren. Neben der Kenntnis der politischen Verfahren basiert Lobbying in Brüssel auch auf einem exzellenten Überblick über die beteiligten Akteure auf der Ebene des Parlamentes, der Kommission sowie der politischen Bürokratie in den Generaldirektionen. Die Expertise allein genügt aber nicht; NGO-Vertreter müssen auch über einen Zugang zu den Personen verfügen, mit diesen bereits in verschiedenen Zusammenhängen in Kontakt gestanden haben und an solche Kontakte auch aktiv und wirkungsvoll anknüpfen können (vgl. Skowronek 2003: 372).

Zur notwendigen Basis für die Aktivität in Brüssel in einem Netzwerk von Lobbyisten gehört es darüber hinaus, dass die NGO-Vertreter überblicken, welche anderen Lobbyisten im anstehenden Entscheidungsprozess ihren besonderen Interessen Geltung verschaffen wollen. Da NGOs etwa im Verhältnis zu manchen Industrieunternehmen mit begrenzten Ressourcen in Brüssel tätig werden müssen, ist es von umso größerer strategischer Bedeutung, dass sie Klarheit darüber gewinnen, welche Verbündete es für ein Anliegen geben könnte. Im Falle gleicher Anliegen zwischen verschiedenen Akteursgruppen können Synergieeffekte erzielt werden, um eine politische Entscheidung der EU punktuell mitzugestalten: Sind solche Verbündete andere NGOs, Verbände, parteipolitische Vertreter, regionale Vertreter und unter Umständen auch Lobbyisten aus einem Wirtschaftsbereich im Feld, können auch kleine NGOs beim Lobbying in Brüssel Entscheidungen mitgestalten.

4.3.4 NGOs im Politikprozess der EU

Am Beispiel der Entwicklungspolitik lässt sich zeigen, wie Prozesse der NGO-Einflussnahme ablaufen: Grundlegend für die jetzige EU-Entwicklungspolitik ist das multilaterale Abkommen von Cotonou, das 2000 von den damals 15 EU-Staaten und 77 AKP-Staaten unterzeichnet wurde. Das Cotonou-Abkommen löste das vorher die Entwicklungspolitik der EU bestimmende Lomé-Abkommen ab – der Wechsel in der politischen Gestaltung, der sich im Vergleich des Lomé-Abkommens einerseits und mit dem Cotonou-Abkommen andererseits zeigt, ist schon als solches als ein Teilergebnis des Lobbying von NGOs in Brüssel zu werten: NGOs wie etwa VENRO hatten bemängelt, dass die Förderrichtlinien ganz offenbar weitgehend wirkungslos blieben (VENRO 2005). Ziel jahrelanger NGO-Aktivität in Brüssel war es, dass von ihnen anerkannte Kriterien als Voraussetzung für eine wirtschaftliche Entwicklung in das neu zu schließende Abkommen integriert würden.

Das Abkommen von Cotonou hat nunmehr deutliche Schwerpunkte in den Bereichen der Armutsbekämpfung und der politischen Dialoge um Demokratie, Menschenrechte, Rechtsstaatlichkeit sowie der Einbeziehung zivilgesellschaftlicher Akteure im Rahmen der Förderpolitik gesetzt. Der Trend geht hin zu einer stärkeren politischen Kooperation und damit über die althergebrachten Prinzipien von Hilfe und Handel hinaus. Man kann diese Trendwende - ungeachtet der daraus ablesbaren Wirkungen auf die Entwicklungsindikatoren der AKP-Staaten - als einen Beleg dafür anführen, dass die EU sich dem kritischen Expertenwissen öffnet. Als Träger des Expertenwissens aus der Zivilgesellschaft heraus und in die Politik hinein sind die NGOs durch die Richtlinien des Weißbuches „Europäisches Regieren" ausdrücklich willkommen, so dass ihnen Gestaltungsoptionen in Anhörungen und Konsultationen zuwachsen.

Auch wenn mit dem Wechsel vom Lomé-Abkommen zum Abkommen von Cotonou der politische Dialog und die so genannte *good governance*-Kriterien heute von größerer Bedeutung sind als früher, greift die EU-Entwicklungspolitik neben dem Instrument der Hilfe vor allem auf das Prinzip einer entwicklungsförderlichen Handelspolitik zurück. Mit anderen Worten: EU-Entwicklungspolitik ist häufig Handelspolitik bzw. Zollpolitik, wenn es etwa darum geht, einseitig den EU-Binnenmarkt für Produkte aus den Entwicklungsländern zu öffnen. Dem stehen virulente Interessen innerhalb der EU - vertreten durch die Agrarlobbyisten - gegenüber. Die NGOs bemühen sich innerhalb der EU darum, die Marktöffnung und faire Handelschancen für Produkte und Rohstoffe aus den Entwicklungsländern voranzutreiben – immer in dem Wissen, dass auf der anderen Seite die mächtige Agrarlobby eben dies zu verhindern sucht. Um im Sinne eines effektiven Lobbyings die Wirkungschancen auszuschöpfen, ist eine fundierte Strategiebildung durch die NGOs von größter Bedeutung. Die wichtigsten politischen Akteure im komplexen EU-System müssen bezogen auf ihre entwicklungspolitischen Kompetenzen, ihre Ziele und die von ihnen verantworteten entwicklungspolitisch relevanten Maßnahmen analysiert und verortet werden, um das Lobbying strategisch darauf abzustimmen.

Für die Entwicklungspolitik gehen die politikgestaltenden Initiativen von der Europäischen Kommission aus. Die wesentlichen Akteure für NGO-Aktivitäten finden sich im Umfeld des zuständigen Kommissars für Entwicklungspolitik bzw. seines Kabinetts einerseits und des Handelskommissars andererseits. Hier gilt es, mit den themenanwaltschaftlichen Interessen Gehör zu finden und Informationen über den Politikfortschritt und diskutierte Politikentwürfe zu gewinnen. Das Europäische Parlament hat zwar einen entwicklungspolitischen Ausschuss und bietet daher eine weitere Schaltstelle für NGO-Lobbying, allerdings sind dem Parlament einstweilen nur Anhörungsrechte in Fragen der Entwicklungspolitik vorbehalten, so dass dessen Gestaltungsrahmen beschränkt ist. Dies gilt umso mehr, als der finanzielle Gestaltungsspielraum des Parlamentes in der Entwicklungspolitik ebenfalls gering ausfällt. Der Ministerrat ist für die Entwicklungspolitik sowohl hinsichtlich der entwicklungspolitischen Leitlinien als auch in Bezug auf die Veränderung von Handelsbeschränkungen bzw. Gewährung von Präferenzen im Zollsystem ein entscheidendes politisches Gremium.

Die EU verteilt seit 2001 Projektgelder über EuropeAid, das bei der Kommission zuständige Amt für Entwicklungshilfe: In den entwicklungspolitisch tätigen NGOs ist es daher notwendig, dass in den Länderreferaten Mitarbeiter speziell damit befasst sind, passend zu den von der EU aufgelegten Programmlinien Projektanträge abzufassen und auf diesem Wege Projektgelder an die eigene Organisation zu binden, denn um die Fristen mit eigenen Anträgen auch einhalten zu können, ist eine rechtzeitige Information über zukünftige Rahmenprogramme und entwicklungspolitische Schwerpunkte der EU von immenser Bedeutung. Viele Organisationen – etwa CARE DEUTSCHLAND, KOLPING INTERNATIONAL,

BROT FÜR DIE WELT u.v.m. haben für die kontinuierliche Vorbereitung von EU-Projektanträgen und die Sondierung der EU-Programmpolitik eigens Mitarbeiter abgestellt, die sich auf diesem Wege letztlich auch die Finanzierung der eigenen Stelle einwerben. Für die NGOs ist ein guter Arbeitskontakt mit der Implementierungsbehörde vorteilhaft, da hier die Projektgelder verwaltet und der gesamte Prozess von der Projektfindung bis zur abschließenden Projektevaluierung gesteuert wird.

Ob NGOs integrierte und integrierbare Akteure im Mehrebenenregierungssystem der EU sind, hängt von ihrer Ausnutzung der gegebenen Handlungsoptionen und Konsequenzen ab. Eine solche ‚Standortbestimmung' von NGOs im EU-System, die sowohl Einfluss als auch Grenzen ihrer Interaktion mit der EU deutlich macht, erfolgt in der abschließenden Analyse von zwei Hauptargumentationslinien: NGOs als Akteure einer *good governance* in der EU sowie ihre *strategische Präsenz und Effektivität* bei der EU.

4.3.5 NGOs als Teil der good governance der EU?

Auf der politischen Ebene der EU sind die NGOs zu zivilgesellschaftlichen Mitspielern avanciert, die nicht nur geduldet werden, sondern durch die *good governance*-Initiative der EU sogar dezidiert in die Prozesse eingebunden werden sollen. NGOs sind damit in einer veränderten Situation, weil sie nicht mehr nur als intervenierende Akteure gesehen werden, die Mitsprache beanspruchen und denen je nach Kalkül und Strategie der entscheidungsberechtigten Politiker diese Mitsprache gewährt oder versagt wird. Vielmehr stellen NGOs heute Akteure da, die einem - zumindest partiellen - Partizipations*anspruch* gegenüber der Kommission und der politischen Bürokratie dahinter vertreten. Da innerhalb der EU in den Bereichen der bereits vergemeinschafteten Politikfelder die Entscheidungskompetenz größer ist als in den Nationalstaaten, kann man sogar vermuten, dass der Einflusszugewinn der NGOs ganz erheblich ist, wenn sie in diesen supranational geregelten Politikfeldern wie der Agrarpolitik beispielsweise mit einem Teilhabestatus an den Verhandlungs- und Abstimmungsprozessen zwischen Kommission, Europäischem Parlament und Ministerrat beteiligt wären. Allerdings ist neben diesem Einfluss, der NGOs auf dem Papier zuwächst und der Realität in folgenden Punkten eine Unterscheidung zu treffen (vgl. auch Furtak 2005): Die Möglichkeiten der realen Einflussnahme von NGOs auf EU-Ebene sind auch von deren organisationellen Ressourcen abhängig, da die Präsenz vor Ort sowie die zeitlichen und personellen Kosten der Vernetzung hoch angesetzt werden müssen. Daraus ergibt sich eine notwendige Relativierung: NGOs gewinnen nicht per se an politisch-gestalterischem Einfluss aufgrund des politischen *upgrade*, das beispielsweise durch das Weißbuch festgeschrieben wurde, sondern innerhalb des NGO-Sektors muss unterschieden werden zwischen solchen NGOs, die diese Möglichkeiten auch organisationell zu nutzen vermögen und solchen, die ihre auf dieser Ebene angedachte Rolle gar nicht ausfüllen können.

NGOs haben durch dieses politisches *upgrade* auf der Ebene der EU potentiell ihre Mitwirkungsmöglichkeiten in der Politikgestaltung verbessern können, aber dadurch werden auch neue Fragen an sie hinsichtlich ihrer Rolle und Funktion im Prozess gerichtet, insbesondere aus dem Umfeld der sozialen Bewegungen: Die neuen Beteiligungsmöglichkeiten und die starke Betonung von Lobbying-Aktivitäten auf EU-Ebene legen den Vorwurf nahe, dass NGOs zu weit in die staatliche Sphäre der Macht eintauchen und sich ihre originären Loyalitäten gegenüber der Zivilgesellschaft durch die Verführbarkeit der Machtbeteiligung verschieben könnten. Zuspitzen lässt sich dies als das Dilemma, dass die Mitgestaltung teuer erkauft wird durch Kompromisse bei politischen Projekten, in denen NGOs sich sehr weit von ihren grundlegenden Zielen und Forderungen entfernen. Dies bleibt aber - zumindest einstweilen und auch mangels empirischer Überprüfung von Einflussveränderungen von NGOs auf EU-Ebene - im Bereich der Spekulationen. Fragen zu Rückwirkungen des speziellen Organisationscharakters des EU-Regierungssystems oder zur Bedeutung für NGOs, dass die EU explizit die Zivilgesellschaft für eine zusätzliche Legitimation ihrer politischen Entscheidungen heranzieht, sind noch zu erforschen (vgl. auch Nanz/Steffek 2005; Kissling 2006).

NGOs profitieren von *good governance*-Initiativen der EU insofern, als sich das EU-System dadurch zwar der Logik nationaler Entscheidungssysteme annähert, andererseits aber immer noch nationalstaatliche Prägungen sowie die Entscheidungsstrukturen innerhalb der EU dazu führen, dass das Regierungssystem EU auf dem Papier geschlossener erscheint, als es in der Realität ist. Das Nebeneinander der EU-Organe und -Institutionen bietet zahlreiche Ansatzpunkte, um NGO-Anliegen vorzubringen und in den Politikprozess einfließen zu lassen: Die Europäische Kommission bringt die Gesetzesinitiativen ein, das Europäische Parlament und damit die parteipolitischen Vertreter der Nationalstaaten gewinnen an (Mit-)Entscheidungskompetenz, die politische Bürokratie ist multinational besetzt und sorgt dafür, dass Ideen für Gesetze zu zustimmungsfähigen Vorlagen werden etc. Akteure der politischen Interessenvertretung haben in diesem System eine gute Chance, die Vielzahl von Einflusskanälen zu nutzen – das bedeutet aber auch, bei einer Vielzahl von Mitgestaltern relativiert sich der Einfluss, der über einen einzelnen Akteur geltend gemacht werden kann.

Dennoch haben die NGOs sowie die Verbände seitens der EU zumindest auf dem Papier seit der *good governance*-Initiative im EU-Weißbuch eine privilegierte Position. Zudem steht die EU unter einem gewissen Zugzwang, ihre Politik zu legitimieren, denn mit den ablehnenden Verfassungsreferenden in Frankreich und den Niederlanden im Jahr 2005 ist die Diskussion um die politische Zukunft der EU, ihre demokratische Verfasstheit und ihre Politik nochmals lauter geworden. Dass NGOs mit der Weißbuch-Initiative explizit „geadelte" Akteure sind, deren Einbindung und Kompetenz hoch bewertet wird, ist aus Sicht der NGOs eine positive Grundkonstellation.

Allerdings wird die „positive" Interpretation von NGO-Einbindung in die EU durch einige Konsequenzen relativiert: Zum einen kann die Proklamation von NGOs als Stimme der Zivilgesellschaft auf EU-Ebene zu einer Form des *window dressing* werden, wenn die Stimme zwar gehört wird, auf die konkreten Entscheidungen aber kaum Einfluss nehmen kann; auch erhöht sich durch diese Zivilgesellschaft-Offensive der EU die Gefahr des „Seitenwechsels" und der Legitimationsdebatte für die NGOs (vgl.

Kapitel 2). Solche Kritik kommt nicht nur aus der Wissenschaft, sondern wird auch von sozialen Bewegungen wie ATTAC geäußert. Zum anderen wird mit wachsendem offiziellen Spielraum für NGOs auf EU-Ebene die Frage laut, warum die nicht gewählten NGOs eben diesen Vorteil erhalten sollten. Anders formuliert: Sprechen NGOs wirklich für *die* Zivilgesellschaft und wäre hier nicht vielmehr die Stärkung der Parteien, respektive des Europäischen Parlamentes gefragt, so dass gewählte Vertreter ihren legitimen demokratischen Einfluss im Parlament als dem Ort geltend machen können, der dafür im Regierungssystem idealtypisch vorgesehen ist.

Bei einer zunehmenden politischen Vertiefung der EU ist davon auszugehen, dass sich dies auch organisationell widerspiegeln wird: Wird das Europäische Parlament mehr Gewicht in der Gesetzgebung erhalten wird, würde das demokratische Defizit abgebaut werden. Erwartbar wäre unter diesen Bedingungen, dass die Rolle von NGOs relativiert wird, denn es sind dann auch mehr und mehr Parteien und parteipolitisch gebundene Akteure, die Interessenartikulation und Interessenvertretung wahrnehmen. Setzt sich jedoch die politische Vertiefung der EU nicht fort, erhalten intergouvernementale - also zwischenstaatliche - Regelungen wieder ein größeres Gewicht. Wenn die EU ihren Anspruch auf supranational rechtsgültige politische Regelungen nicht weiter vorantreibt bzw. sogar zurückstufen würde, wäre die politische Bühne der EU für alle Interessenvertretungsakteure weniger wichtig - auch für NGOs. Sie würden ihre europapolitischen Bemühungen aus strategischen Gründen zu Gunsten von nationalen oder beispielsweise UNO-weiten oder WTO-bezogenen Aktivitäten reduzieren.

4.3.6 Politische Effektivität und strategische Präsenz

Die Wirkung von politischem Lobbying, so wie es NGOs in Brüssel betreiben können, kann in manchen Fällen zwar erfolgreich sein, wird aber tendenziell überschätzt, gerade weil die Machtkonstellationen innerhalb des Netzwerks politischer Akteure und im Prozess der staatlichen mit den zivilgesellschaftlichen Akteuren nicht feststehend sind, sondern veränderlich sind. Wer welchen

Einfluss hat, ergibt sich somit auch aus der jeweiligen Gesamtkonstellation.

Deutlich wird dies immer dann, wenn sowohl wirtschaftliche als auch umweltpolitisch oder entwicklungspolitisch weit reichende Gesetzesinitiativen in Brüssel zu beraten sind: Im Jahr 2005 wurde von den Medien das Ringen um ein Abkommen zwischen EU und WTO zur Entregulierung des Zuckermarktes immer wieder auf die Tagesordnung gesetzt. Die Berichterstattung zeigte deutlich, dass die Konstellationen der politischen Akteure je nach Gesamtverhandlungspaket sehr unterschiedlich ausfallen können, auch wenn *ex ante* ein Antagonismus zwischen NGO-Lobbyisten und Lobbyisten der Unternehmen vermutet wird.

Im Fall der Zuckermarktordnung ergab sich - aus unterschiedlichen Beweggründen - eine argumentative Ablehnungskoalition zwischen Agrarlobbyisten innerhalb der EU und entwicklungspolitisch arbeitenden NGOs: Die Agrarlobby sah durch die Liberalisierungstendenz im Zuckermarkt durch die WTO ein Wegbrechen der ihnen bis dahin garantierten Erzeugerpreise, die Entwicklungshilfe-NGOs sahen durch das Wegbrechen der Agrarsubventionen und Marktöffnung keinen positiven Effekt, da in Afrika - ebenso wie in Deutschland - eine jahrhundertelange Tradition kleiner Erzeuger gefährdet würde und gleichzeitig nur wenige Großbauern in Südamerika von der Marktöffnung profitieren könnten. Lobbyisten beider Lager waren somit vereint in dem Versuch, die EU-Landwirtschaftskommissarin von einer weitgehenden Anpassung der Zuckermarktordnung an die WTO-Regeln abzubringen oder ihr Kompensationen abzuringen.

Für das Lobbying auf EU-Ebene bedeutet dies: NGO-Lobbying ist nicht per se erfolgreich, sondern von der Gesamtkonstellation und den Allianzen mit anderen Akteuren abhängig. Das EU-System bietet zwar viele Kanäle für NGO-Lobbying, doch viele dieser Kanäle führen nicht (unmittelbar) ins Zentrum der Entscheidung. Die Zahl der weiteren zivilgesellschaftlichen Akteure, etwa Verbände, mit der Absicht, Einfluss zu nehmen ist groß. Es bleibt dabei, dass es - zumindest derzeit - allenfalls um eine graduelle Veränderung von NGO-Einfluss geht: Chancen und Grenzen von NGOs auf der Ebene der EU sind je nach der konkreten politischen Situation, je nach Politikfeld und je nach Akteurskonstellation zwei unterschiedliche Seiten einer Medaille. Allein durch die Implementierung des Weißbuchs „Europäisches Regieren", das noch neinen belastbaren rechtsakt begründet, ist nicht abgesichert, dass diese Medaille in jeder einzelnen politischen Situation sich zu Gunsten des NGO-Einflusses wendet.

4.4 NGOs als globale Player

Dass NGOs als wichtige und einflussreiche Akteure das internationale Geschehen mitbestimmen, wird heute kaum noch angezweifelt. NGOs sind ein unverzichtbarer Teil der *global governance* geworden, da sie sich Probleme und Aufgaben angenommen haben, die häufig nur noch international bearbeitbar sind; NGOs agieren meist effizienter und effektiver als herkömmliche Akteure wie beispielsweise Parteien, Regierungen oder internationale zwischenstaatliche Organisationen. Zwar haben sie viele ihrer Aktivitäten schon über geraume Zeit auch international durchgeführt, wie beispielsweise im Völkerbund, doch seit den 1990er Jahren haben sich ihre Handlungsoptionen um ein Vielfaches verbessert. Mit dem Ende des Kalten Krieges sind manche politische Hürden abgebaut und die Entwicklungen im technischen Kommunikationsbereich erlauben heute bessere Vernetzung über Ländergrenzen hinweg.

Insbesondere internationale zwischenstaatliche Organisationen haben das Potential erkannt, welches in einer Kooperation mit NGOs liegt. Organisationen wie die UNO oder die EU öffnen sich verstärkt für eine Zusammenarbeit mit NGOs und binden sie stärker in ihre Organisations- und Handlungsstruktur ein. NGO-Expertise und ihr *know how* machen sie heute zu wichtigen - und häufig unverzichtbaren - Beratern von Regierungsvertretern, Diplomaten und IGO-Mitarbeitern. Insbesondere die ressourcenstarken, international agierenden NGOs wie z.B. AMNESTY INTERNATIONAL, CARE INTERNATIONAL oder ÄRZTE OHNE GRENZEN sind zu Partnern in *public-privat-partnerships* geworden und arbeiten heute eng mit IGOs in der Themensetzung, -ausformulierung und -implementierung von Politiken und Projekten zusammen.

Aktuell steht die Frage im Vordergrund, welche Rolle NGOs in der Weltpolitik zukünftig spielen wollen und sollen. Mit ihrer Einbindung in das internationale Geschehen, in Politikprozesse und -entscheidungen werden auch NGOs verstärkt hinterfragt: wie steht es um ihre Legitimation und Repräsentativität? Sie sind heute einfach nicht mehr die unbedarften Aktivisten, frei von Eigeninteressen und politischen Machtspielen, sondern stellen „etablierte" Akteure dar – und müssen sich deshalb auch genauso den Anforderungen nach demokratischen Spielregeln stellen wie herkömmliche Akteure.

5 Legitimation und Gestaltungsspielraum von NGOs

> *„Wofür werden Nichtregierungsorganisationen wie Greenpeace gebraucht, was leisten sie, was sollten sie in der Demokratie dürfen, wo sind ihre Grenzen?"*
>
> *Brigitte Behrens, Geschäftsführerin von Greenpeace Deutschland (Behrens 2005: 4)*

NGOs genießen das Vertrauen von großen Teilen der Bevölkerung; für viele stellen sie wichtige Aktivisten dar, die gesellschaftliche Probleme aufzeigen und für mehr Transparenz in komplexen Politikprozessen sorgen. Sie werden als diejenigen angesehen, die sich um die Armen, Rechtlosen oder Vernachlässigten kümmern und dadurch für eine gerechtere Welt kämpfen. In vielen Staaten sind NGOs immer noch die Akteure, die vor allem unbequeme Themen auf die Agenda setzen, aber sie werden heute auch von Seiten der Regierung geschätzt, weil sie wichtige Dienste übernehmen und weil ihre Expertise häufig unverzichtbar ist. Ist die Geschichte der NGOs somit eine eindeutige Erfolgsstory von Freizeitaktivisten zu anerkannten Akteuren des politischen Prozesses?

Gerade aufgrund dieser „Karriere" von NGOs im heutigen Zeitalter richten sich auch vermehrt kritische Fragen an sie, die das politische Geschehen zum Teil maßgeblich beeinflussen: Können sie (weiterhin) die unabhängigen Akteure bleiben, durch die sich große Teile der Zivilbevölkerung besser vertreten fühlen als durch die etablierten Organisationsformen, Institutionen und Instanzen? Können sie die hohen Erwartungen, die an sie gerichtet werden, überhaupt erfüllen? Haben sie wirklich das Potential, derzeitige Demokratisierungsprozesse weiter voranzutreiben, indem sie zu einer stabilisierten Zivilgesellschaft beitragen? Oder sind die Erwartungen an NGOs einfach nicht der Realität angemessen? In diesem abschließenden Kapitel sollen Herausforderungen für NGOs sowie ihre Entwicklungspotentiale und -perspektiven näher beleuchtet werden. Vor dem Hintergrund der drei in diesem Buch diskutierten Themenkomplexe NGO-Charakteristika, Organisationsstrukturen und Akteursqualität in der internationalen Politik geht es insbesondere um die Legitimation von NGOs und ihren Gestaltungsspielraum in politischen Systemen bzw. Entscheidungsprozessen. In diesem Zusammenhang werden die Hoffnungen, die in NGOs gesetzt waren und werden, die Veränderungen ihres Verhältnisses zur Basis und zum Staat sowie Entwicklungen und Konflikte innerhalb der NGO-Szene angesprochen.

5.1 NGOs zu Beginn des 21. Jahrhunderts – Ausverkauf des Idealismus?

Die Erwartungen an NGOs waren in den letzten beiden Jahrzehnten extrem hoch: Sie sollten für demokratischere Verhältnisse und die Sicherung ziviler Strukturen unter den Bedingungen der Globalisierung sorgen. Diese Hoffnung wurde zudem dadurch genährt, dass NGOs ihre Perspektive nicht auf nationale Räume begrenzen; für NGOs hört der Problemdruck nicht dort auf, wo nationale Klientel - etwa Wähler - nicht mehr von Problemen unmittelbar betroffen sind, sondern NGOs kümmern sich gerade unabhängig von politischen Grenzen um gesellschaftliche Anliegen (Beck 1986; Wahl 1996). Für diese Aufgabe erschienen NGOs aufgrund ihrer transnationalen Organisation bestens geeignet.

NGOs wurden als „Entschleuniger" der Globalisierung (Brunnengräber/Walk/Klein 2001: 7) gehandelt. Jedwedes Konzept transnationaler Demokratie, das in den vergangenen Jahren ausgearbeitet oder angedacht wurde, kommt nicht ohne die Berücksichtigung von NGOs aus, „zumindest benötigen sie deren Schubkraft" (Roth 2005: 91). Hinter dieser Hoffnung in NGOs steckt der Befund, dass Parteien und Verbände als Transmissionsriemen - anders ausgedrückt: als Interessenvermittlungsakteure - in Zeiten der Nationalstaaten und der Staatenwelt zwar recht gut funktionieren konnten; mit den veränderten Bedingungen, besonders mit der Zunahme grenzüberschreitender Probleme haben die

Parteien aber an Organisationskraft, Legitimation und Vertrauen in ihr Problemlösungspotential in der Bevölkerung messbar verloren (Kerssenbrock/Bartels 1994; Wiesendahl 2001).

Das entstehende Vakuum im Bereich der organisierten Interessenvertretung eröffnete Chancen für NGOs, weil sie mit ihrem transnationalen Problemzugriff für viele Bürgerinnen und Bürger sichtbar gemacht haben, dass Lösungen nicht ausschließlich nur im Nationalstaat verhaftet sind (vgl. Kapitel 4). Da NGOs in der Regel Anliegen im Namen anderer, kaum organisationsfähiger Gruppen und Belange vertreten (vgl. Kapitel 2), wurde ihnen Uneigennützigkeit zugeschrieben, die ihnen die Gunst vieler „politikverdrossener" - oder genauer: von den parteipolitischen Machtkämpfen enttäuschter - Bürgerinnen und Bürger gesichert hat. Dieser Zuspruch in weiten Teilen der Bevölkerung hat den Erfolg und die Organisationsentwicklung von NGOs begünstigt.

Derzeit steht in NGOs nun eine Art Generationswechsel an, der in die Organisationen solche Menschen als Hauptamtliche hineinbringt, die Verantwortung übernehmen und Gestaltungsmacht in NGOs ausüben, auch weil in diesen Organisationen politische Karrieren möglich sind. Die Option der geplanten und hauptamtlichen Berufstätigkeit sowie die Strategie, sich für diesen Berufsmarkt durch Studiengänge und spezielle Praktika gezielt zu qualifizieren, rückt die Themen der inneren Organisationsstruktur von NGOs, ihre Rolle im politischen Prozess und ihre Möglichkeiten politischer Einflussnahme in ein neues Licht. Doch auch aus den NGOs heraus werden die Fragen nach Selbstverwirklichung, Machterwerb und Karriereplanung als Folge der dort gestarteten Professionalisierungsoffensive (vgl. Kapitel 3) immer lauter.

Obwohl NGOs als zivilgesellschaftliche Organisationen gelten, scheinen sich nun Tendenzen einer Strukturierung zu entwickeln, wie sie vergleichbar bei Parteien vor ungefähr 100 Jahren eingesetzt haben. Hinsichtlich der Professionalisierung von Parteien hatte Max Weber (1919/1988) als Rückwirkung formuliert, dass nun ein Leben von der Politik möglich wird, dass eine neue Berufsklasse in Parteien entsteht, die neben den ehrenamtlichen Parteipolitikern dem Parteifunktionär ein Erwerbseinkommen bietet. Auch in NGOs gibt es nach wie vor ehrenamtlich Tätige, aber die Professionalisierung hat in NGOs neben der Logik, ihr politisches

Ziel zu erreichen, eine zweite Logik gesetzt: Damit ihre politischen Ziele verfolgt werden können, muss auch das Überleben gesichert sein. Die Funktionalität bleibt aber nur gewahrt, wenn durch eine mittel- und langfristige Finanzierung die Organisation und ihr Personal gesichert werden.

Beide Logiken - das politische Ziel oder der Eigenerhalt - können miteinander in Konflikt geraten, weil sich NGOs damit auseinandersetzen müssen, welcher Logik ihr Handeln primär unterworfen wird. Robert Michels sieht in seinem „Klassiker" zur Organisationsentwicklung von politischen Organisationen (1911/1970) diese Entwicklung eher pessimistisch, indem er den Eigenerhalt als das ‚eherne Gesetz der Oligarchie' identifiziert: in jeder Art von Organisation ergibt sich die Tendenz, sich intern auszudifferenzieren und hierarchische Strukturen auszubilden. Dies wiederum bedeutet, dass selbst progressive Organisationen irgendwann an den Punkt kommen, an dem die Strukturen den ideologischen Prinzipien widersprechen bzw. das Hauptziel der Organisation ihre Selbsterhaltung wird, nicht mehr die inhaltlichen Anliegen voranzubringen.

Als Folge solcher Entwicklungen könnte sich der hohe Vertrauensvorschuss in NGOs auf ein ent-idealisiertes Maß verringern – insofern wird diese Entwicklung womöglich sogar positiv zu beurteilen sein in dem Sinne, dass NGOs von überhöhten Erwartungen entlastet werden und stattdessen die realen Wirkungsmöglichkeiten und Grenzen von NGOs als politische Organisationen zur Debatte stehen. Nichtsdestotrotz stellt sich im Zusammenhang mit der Professionalisierung von NGOs die Frage, wie sie weiterhin in der Brückenfunktion zur Zivilgesellschaft agieren können; wie können NGOs verhindern, dass sie sich von der Basisbevölkerung entkoppeln; wie können NGOs zwar Kooperationspartner der staatlichen politischen Akteure sein, um ihren Einfluss gestaltend wirksam werden zu lassen, ohne dabei aber die Seite von nichtstaatlichen zu staatlichen Akteuren zu wechseln?

Infokasten 5-1: Jenseits der Inszenierung von „David gegen Goliath"

Die viel genutzte Gegenüberstellung von NGOs und großen Konzernen als „David gegen Goliath" (siehe beispielsweise Spiegel Spezial 1995) entpuppt sich bei näherem Hinsehen - vor allem wenn man hinter die inszenierten Kulissen einer Organisation schaut - als Illusion, die nicht zuletzt der Nachrichtenlogik der Medien folgt und der politischen Legendenbildung dient. An dem bereits mehrfach zitierten Brent Spar-Beispiel wird vielmehr deutlich, dass die Organisationsentwicklung unter der Vorgabe einer Professionalisierung NGOs manchmal vor innere Zerreißproben stellt, zumindest aber zur neuen Positionierung zwingt: John Castle, Ex-GREENPEACE Aktivist und von GREENPEACE seinerzeit für die Brent-Spar-Aktion als Kapitän und Leiter der Mission angeheuert, sagt in der Rückschau: *„Greenpeace hat sich seit den alten Zeiten, als die Organisation klein war und man mit jedem reden konnte, sehr stark verändert. Zur Zeit der [Brent; A.d.V] Spar war es bereits eine riesige, sehr hierarchisch wie ein Unternehmen strukturierte Organisation mit ziemlich vielen Karrieristen und vielen sehr verwässerten Werten – sehr verwässert – und das macht sie schwach."*

Quelle: WDR Dokumentation „Die Story: Greenpeace gegen Shell", ausgestrahlt im TV-Sender Phoenix im November 2005

5.2 NGOs im Verhältnis zur Basis und zum Staat

Aus der Professionalisierung ergeben sich für die einzelnen Organisationen sowohl wirtschaftlich als auch organisationell wichtige Folgen hinsichtlich der daraus abzuleitenden Grenzen ihrer eigenen Strukturentwicklung (Edwards 2000). Die Folgen der Professionalisierung liegen darin, dass NGOs zwar an Professionalität im Management, in der Kampagnenführung und im Lobbying gewinnen, aber ihre Rückbindung an die Basisbevölkerung und damit ihre Unterstützer verlieren (Hirsch 1999, 2001). Sie gelten zunehmend als weitgehend abgekoppelt von der Bürgergesellschaft, weil die unmittelbaren Berührungspunkte eher im Bereich virtueller Vernetzung, monatlicher Lastschriftverfahren und der Spendenwerbung - im Rahmen so genannter *mailings* - vorzufinden sind.

Aus dem Umfeld sozialer Bewegungen werden mehr und mehr Stimmen laut, die daran zweifeln, dass man noch „im selben Boot" mit NGOs sitze bzw. dass beide politischen Akteursformen wirklich unter einer gemeinsamen Flagge des Dritten Sektors bzw. der Zivilgesellschaft segeln und den gleichen Kurs halten: nämlich nach mehr Partizipation, mehr zivilgesellschaftlicher Beteiligung an politischen Entscheidungen, mehr Politik jenseits der alleinigen Dominanz weniger (partei)politischer Eliten streben. Soziale Bewegungen aus dem globalisierungskritischen Interessenspektrum sehen sich selbst als die eigentlichen Stimmen der Zivilgesellschaft – zumal hier aktive Beteiligung weiterhin den Bestand garantiert.

NGOs stehen aufgrund der hoch gesteckten Ziele, die sie selber formulieren zunehmend unter Druck: zivilgesellschaftliche Partizipation zu betreiben ohne die Bodenhaftung zu verlieren. Wie bei einer Gratwanderung loten sie im Rahmen von Organisationsentwicklungsprozessen (Appel 2005; Frantz 2005: 281f.) aus, wann die fortgeführte Professionalisierung ihre Verbindungen zur Basisbevölkerung so sehr belastet, dass sie ihre Glaubwürdigkeit und den Vertrauensvorschuss der Bevölkerung einbüßen (Redlefs 2005: 35f.). Die kritischen Anfragen, ob NGOs die Bodenhaftung verloren haben und mehr Partner des Staates als Interessenvertreter der Zivilgesellschaft geworden sind, beantworten NGOs bislang - meist erfolgreich - mit dem Verweis auf ihre politischen Erfolge, auf ihre hohe Anerkennung in der Bevölkerung, die ihnen (noch?) in Meinungsumfragen attestiert wird (vgl. Shell Jugendstudie 2000). Die Achillesferse von NGOs ist ihre Verwundbarkeit durch schlechte Presse, durch Skandale, die ihren Vertrauenskredit aufzehren.

Das Verhältnis von NGOs zum Staat ist unter anderem auch dadurch geprägt, dass sie „als professionalisierte und auf Dauer gestellte Organisationen kontinuierliche Finanzmittel benötigen, die vielfach, insbesondere wenn es um umfangreiche Projekte geht, nicht allein durch Spenden aufgebracht werden können" (Hirsch 2001: 31). Aus dieser Notwendigkeit nach finanziellen

Ressourcen ergibt sich eine Abhängigkeit von Staaten, internationalen zwischenstaatlichen Organisationen wie z.B. die UNO oder die EU, gegebenenfalls sogar auch von Interessenverbänden und privaten Unternehmungen. Einige gehen soweit, von einer „Staatsfixierung" (Hirsch 2001: 32) der NGOs zu sprechen.

Ähnlich könnten sich Abhängigkeiten in der Zusammenarbeit mit internationalen zwischenstaatlichen Organisationen entwickeln, wenn NGOs vereinnahmt werden: Wenn die Weltbank darauf verpflichtet wird oder die EU in ihrer Entwicklungspolitik darauf abzielt, der Armut den Kampf anzusagen, dann erscheint es als ein probates Mittel der öffentlichen Rechtfertigung ihres Tuns oder eine „geliehene" Legitimation, mit NGOs zu kooperieren und an solche NGOs Projektgelder zu vergeben, die diese Armutsbekämpfung zum Organisationsziel erklärt haben und daran konkret in kleinen Schritten arbeiten wollen (von Weizsäcker 2001: 23f). In beiden Fällen werden NGOs zu Subunternehmen staatlicher Akteure und internationaler zwischenstaatlicher Organisationen bzw. übernehmen deren Aufgaben (Zimmer 2001; Koch et al. 2005: 32).

Namhaften NGOs gelingt es allerdings nach wie vor, strikte finanzielle Unabhängigkeit von staatlichen Akteuren zu bewahren und gleichwohl ein hohes Maß an Professionalität sowie politischer Wirksamkeit zu erzielen: AMNESTY INTERNATIONAL, GREENPEACE und ÄRZTE OHNE GRENZEN, gehören zu den prominenten Vertretern im NGO-Sektor, die ihre Unabhängigkeit vom Staat als Markenzeichen sehen. Sie argumentieren explizit, dass sie in ihrer themenanwaltschaftlichen Vertretung und in ihrem Handeln vor Ort nur dann erfolgreich sein können, wenn sie als unbedingt unabhängig und der Sache bzw. dem Ziel verpflichtet beleumundet sind.

Unabhängigkeit von staatlichen Instanzen bedeutet aber auf der anderen Seite, dass die Abhängigkeit von Fundraising um so wichtiger wird – wenn der Staat als Geldgeber ausfällt, dann müssen alle Projekte, alle Maßnahmen und alle Personalmittel über Spenden eingeworben werden. Damit dies gelingen kann, sind Marketing-Abteilungen notwendig. Die hohen Erwartungen an den Auftritt - also die *performance* - von NGOs und ihre professionelle Geschäfts- und Projektführung führen die staatsunabhängige Organisation dann aber zu einer neuen Herausforderung: Der Schritt vom professionellen Marketing einer glaubwürdigen Botschaft zu rein kommerziell wahrgenommener Werbung erscheint nicht weit, um im Konkurrenzmarkt um Spender und ihre Zuwendungen bestehen zu können und in der Folge ihre Botschaften zu den Bürgern transportieren bzw. im politischen Diskurs Themen setzen zu können.

Dies hat in den NGOs die Frage nach der Kampagnenfähigkeit im organisationsintern geführten Strategiediskurs weit nach vorne gebracht (Appel 2005; Koch et al 2005; Jauß/Lahusen 2001). Nicht ohne Grund - angesichts der insgesamt relativ knappen Ressourcen - beauftragen NGOs inzwischen Werbefachleute für die Vermittlung von Botschaften. Solche Kampagnenfachleute sind hoch professionalisiertes Personal, das auch eine gewisse Risikofreude braucht, um eine „Geschäftsidee" - also ein Thema, das die NGO nach vorne bringen will - offensiv und erfolgreich zu platzieren, auf die Gefahr hin, dass für eine teure Kampagene, die nicht die erhoffte und kalkulierte Wirkung hat, auch ein beträchtliches Maß der über Fundraising und Spenden eingeworbenen Mittel verschlingt und gegenüber der Öffentlichkeit dennoch legitimiert werden muss.

5.3 Ringen um politische Glaubwürdigkeit und Vertrauen

NGOs legitimieren ihre Mitsprache im Politikprozess dann, wenn sie nachvollziehbar zeigen, dass sie nicht nur die Interessen einer kleinen Elite innerhalb der NGO vertreten, sondern wenn sie gemäß ihres Leitbildes stellvertretend Anliegen anderer wahrnehmen. Allerdings müssen sie nicht beweisen, dass dies die Anliegen einer repräsentativen Mehrheit sind. NGOs können auch die Vertreter partieller oder spezieller Anliegen sein; sie erheben nicht den Anspruch, mit ihrem Programm um Unterstützung zu werben, sodass alle Lebens- und Politikbereiche abgedeckt werden. NGOs müssen im Gegensatz zu Parteien nicht beweisen, dass ihre Anliegen eine repräsentative Mehrheit der Bevölkerung widerspiegeln.

Sie müssen stattdessen den Nachweis erbringen, dass ihre Anliegen von Relevanz und politischem Gewicht sind.

Es erscheint insofern als überzogene Kritik, wenn NGOs mit dem gleichen politischen Maß gemessen werden, wie dies für die gewählte Legislative und Exekutive in Nationalstaaten gilt. Parteien haben die - in Deutschland sogar grundgesetzlich verbriefte - Aufgabe, an der politischen Willensbildung mitzuwirken. Weil Herrschaft auf Zeit ausgeübt wird, bedarf diese Delegation von Macht der Legitimation durch Wahlen. Dieser Legitimationsbegriff wird nun aber - nicht ganz zu Recht - aus dem Bereich der Staatsgewalt entliehen und auf NGOs ausgedehnt. Dieser Übertragung des Legitimationsanspruches „eins zu eins" auf NGOs ist aber nicht verhältnismäßig, denn: „Zentral ist die Frage, ob eine NGO als Interessengruppe gegenüber anderen Interessengruppen einfach nur ihre Position durchgesetzt oder ob sie eine kollektiv bindende Entscheidung getroffen hat" (Beisheim 1997: 21-22).

Der Schritt in ein nicht-legitimiertes Handeln von NGOs ist erst dann getan, wenn sie sich allein unter Berufung darauf, dass sie das Sprachrohr „der Zivilgesellschaft" seien, bei internationalen Konferenzen ohne explizites Mandat genau solche Mitentscheidungs*macht* haben wie Regierungsmächte, die dazu aufgrund der nationalen Statuten befugt sind. Solange sie „nur" als Experten herangezogen werden, nur Anliegen durch *agenda setting* oder durch Lobbying im politischen Prozess laut werden lassen, ist dies jedoch ebenso legitim oder illegitim wie die alltägliche Praxis der Mitwirkung von Verbändevertretern, Wirtschaftslobbyisten und anderen Akteuren in parlamentarischen System.

In den Sozialwissenschaften ist diese Realität unter dem Stichwort des Korporatismus bzw. des Verbändestaates und neuerdings unter dem Titel „Lobbyismus" kritisch hinterfragt worden (Leif/Speth 2003): Auch wenn man aus Sicht der Demokratietheorie Einwände gegen die geknüpften Einflussnetze zu Recht geltend machen kann (Hirsch 1999; Kitschelt 1996), so ist man doch andererseits weitgehend einig darüber, dass es in komplexen Gesellschaftssystemen keine funktionalen Alternativen gibt, um Regierungsfähigkeit sicher zu stellen. Die Legitimation wird damit auch für NGOs abgeleitet von dem veränderten *policy outcome*, der durch ihre Einmischung möglich wird: Dies bedeutet, dass die

Legitimität des Handelns von NGOs entlang der Frage bewertet wird, ob durch die Beteiligung von NGOs eine differenziertere Interessenvermittlung gelingen konnte und Probleme angemessen gelöst wurden (Schäfer 1998; Schmidt/Take 1997).

Dass die Legitimität von NGO-Handeln somit in einer gesellschaftspolitischen Gesamtlage eingebettet ist, zeigt sich unter anderem daran, dass zu Beginn des 21. Jahrhunderts in Deutschland das Problem der Arbeitslosigkeit und des ausbleibenden wirtschaftlichen Wachstums für breite Bevölkerungsschichten eine derart hohe Relevanz hat, dass die Legitimität der Forderungen von Umwelt-NGOs nach einer umweltverträglichen Wirtschaftspolitik stark angezweifelt wird und weniger positives Echo findet.

Infokasten 5-2: Restriktionen von und für NGOs

⇨ Dominanz des Nordens
⇨ NGOs entstehen in Reaktion auf den Bedarf des Staates
⇨ Problemlagen sind stark entlang von Politikfeldern segmentiert, so dass im Grunde keine Gesamtlösungen befördert werden können
⇨ NGOs befördern die Privatisierung von Politik und den Rückzug des Staates (Zivilgesellschaft an Stelle des Staates)
⇨ Medienabhängigkeit
⇨ Professionalisierung von NGOs führt zu einem Gefälle innerhalb der Zivilgesellschaft (andere Form der Elitendemokratie)

Quelle: Roth 2005: 113-119

5.4 Entwicklungen und Konflikte innerhalb der NGO-Szene

Die verstärkte Professionalisierung von NGOs über die letzten Jahre hat zwar einerseits zu ihren Erfolgen beigetragen, aber sie führt auch zu neuen Problemen und Ausdifferenzierungen innerhalb der NGO-Szene: Nur diejenigen Organisationen sind in der

Lage, international „mitzuspielen", die dafür auch die notwendigen Ressourcen aufbringen können, wie beispielsweise hauptamtliche Mitarbeiterinnen und Mitarbeiter oder ständige Vertretungen mit entsprechender Ausstattung in den wichtigen UNO- oder EU-Städten. Weil auch trotz verbesserter (virtueller) Kommunikationsmöglichkeiten persönliche Kontakte und beständige Lobbyarbeit vor Ort, weiterhin eine große Bedeutung für die Vermittlung von politischen Anliegen spielen, sind finanzielle und personelle „Ressourcen" häufig entscheidend für erfolgreiche Arbeit von NGOs.

Viele NGOs des Südens sind aber zu klein und zu ressourcenschwach, um mit den „big players" der NGO-Szene mithalten zu können. Somit sind es dann zumeist doch wieder die alten Bekannten mit internationalem Renommee, die Handlungsoptionen und neue Interaktionsmöglichkeiten beispielsweise mit der UNO oder der EU wahrnehmen können (vgl. Kapitel 4): die großen, international aktiven und finanzkräftigen NGOs des Nordens. Kleinere Organisationen sind daher weiterhin auf die Zusammenarbeit mit den internationalen Netzwerken angewiesen, um auch international eine Stimme zu erhalten. Die Interaktion zwischen NGOs wird zwar auch in vielen Fällen erfolgreich praktiziert, bringt wiederum neue Abhängigkeiten mit sich.

Andere Formen der Ausdifferenzierung innerhalb des NGO-Sektors resultieren aus dem Ansehen von NGOs in der Bevölkerung: NGOs genießen in der Regel ein „gutes" Image, weil sie als unabhängig und transparent gelten, doch auch in der NGO-Szene gibt es schwarze Schafe, die diese Vorschusslorbeeren bewusst ausnutzen bzw. bei denen diese positiven Attribute bewusst für andere Zwecke ausgeschlachtet werden. Beispielsweise werden so genannte „NGOs" inzwischen von manchen Regierungen gerne genutzt, um ihre eigene Sichtweise somit auf einem anderen „nichtstaatlichen" Wege darzulegen (vgl. auch Kapitel 2). So ließ die chinesische Regierung immer wieder chinesische „NGOs" - z.T. bestehend aus den Ehefrauen hochrangiger Funktionäre - während der jährlich stattfindenden sechswöchigen Sitzung des Menschenrechtskomitees der UNO in Genf über die erstklassige Menschenrechtssituation in China berichten.

Ähnlich wurde auch schon das Ansehen von NGOs genutzt, um die eigene Finanzkraft zu stärken. Mit professionellen „Drückerkolonnen" werben manche NGOs auf der Straße Personen an, um sie zur „Mitgliedschaft" in einer Organisation zu bewegen – letztendlich geht es aber nur darum, eine Einzugsermächtigung für ein Konto zu erlangen („Mitgliedsbeitrag"). Während die angeworbenen Personen in dem Glauben gelassen werden, für eine gute Sache zu spenden, kommen ein Großteil der angeworbenen Gelder (bis zu 2/3) nicht dort an, wofür sie gegeben worden sind, sondern sie werden genutzt, um den Verwaltungsaufwand der NGO zu bezahlen – und insbesondere die extra dafür beschäftigte Einwerbefirma. Selbst innerhalb der NGO-Szene fordern daher manche NGOs mehr Kontrolle über das „Qualitätssiegel" NGO.

5.5 Perspektiven

NGOs nehmen heute wie selbstverständlich einen festen Platz im politischen Prozess neben anderen etablierten Akteuren, beispielsweise Parteien, Verbänden oder Gewerkschaften, ein. Im Verlauf der 1980er und vor allem während der 1990er Jahre haben sie sich zunehmend zu anerkannten und etablierten Mitspielern auf der nationalen und internationalen politischen Bühne entwickelt. In vielen Bereichen sind sie heute gar unverzichtbar: Gäbe es keine NGOs, würden Menschenrechtsverletzungen kaum angeprangert oder angeklagt; ohne NGOs hätte die humanitäre Hilfe die Opfer im Tsunami-Gebiet kaum so schnell erreicht; im pakistanischen Erdbebengebiet, wo viele Staaten sich mit ihrer Hilfe sehr zurückhalten, sind vor allem NGOs im Einsatz.

Aber NGO sind weder das Allheilmittel für sämtliche Probleme noch sind sie unfehlbar. Auch zeigt sich, dass NGOs im Zuge ihrer zunehmenden Integration in die politischen Prozesse und durch die Ausbildung von professionellen Strukturen heute ähnlich wie die bekannten Akteure des politischen Prozesses - Parteien, Verbände, soziale Bewegungen - sich den gleichen Kriterien von Demokratie und Unabhängigkeit stellen müssen. In welche Richtung solche und ähnliche Tendenzen die NGOs verändern werden, und ob diese Veränderungen den NGOs eher zusätzliche Handlungsoptionen einbringen oder ihnen etwa ihre Legitimationsgrundlage als Akteure der Zivilgesellschaft nehmen werden, bleibt (heute noch) offen.

6 Anhang

6.1 Literaturverzeichnis

Albrow, Martin (1998): Abschied vom Nationalstaat. Frankfurt/Main

Andretta, Massimiliano / della Porta, Donatella / Mosca, Lorenzo / Reiter, Herbert (2003): No Global - New Global. Identität und Strategien der Antiglobalisierungsbewegung. Frankfurt/Main

Anheier, Helmut u.a. (Hrsg.) (2005): Global Civil Society. London

Appel, Anja (2005): Internationale Kampagnen als strategisches Instrument für Strukturveränderungen in entwicklungspolitischen NGOs. In: Forschungsjournal Neue Soziale Bewegungen, 18:1, S. 43-50.

Archer, Angus (1983): Methods of Multilateral Management: The Interrelationship of International Organizations and NGOs. In: Trister Gati, Toby (Hg.): The US, the UN and the Management of Global Change. New York, S. 303-326.

Aston, Jurij (2001): The United Nations Committee on Non-Governmental Organizations: Guarding the Entrance to a Politically Divided House. In: European Journal of International Law, 12:5, S. 943-962.

Baringhorst, Sigrid (1998): Zur Mediatisierung des politischen Protests. Von der Institutionen- zur „Greenpeace-Demokratie"? In: Sarcinelli, Ulrich (Hrsg.): Politikvermittlung und Demokratie in der Mediengesellschaft. Bonn, S. 326-342.

Bebbington, Anthony / Mitlin, Diana (1996): NGO Capacity and Effectiveness: A Review of Themes in NGO-related Research Recently Funded by ESCOR, London

Beck, Ulrich (1986): Auf dem Weg in eine andere Moderne. Frankfurt/Main

Beck, Ulrich (1996): Das Zeitalter der Nebenfolgen und die Politisierung der Moderne. In: Beck, Ulrich / Giddens, Anthony / Lash, Scott: Reflexive Modernisierung. Frankfurt/Main, S. 27ff.

Beck, Ulrich (1998): Wie wird Demokratie im Zeitalter der Globalisierung möglich? In: Ders. (Hrsg.): Politik der Globalisierung. Frankfurt/Main, S. 7-66.

Beck, Ulrich (1999^6): Was ist Globalisierung? Frankfurt/Main

Behrens, Brigitte (2005): Vorwort. In: Greenpeace (Hrsg.): Brent Spar und die Folgen. Zehn Jahre danach. Hamburg, S. 4-5.

Beigbeder, Yves (1992) : Le Rôle International des Organisations Non Gouvernementales. Paris

Beisheim, Marianne (1997): Nichtregierungsorganisationen und ihre Legitimität. In: Aus Politik und Zeitgeschichte, B 43/97, S. 21-29.

Bettati, Mario (1986): La contribution des organisations non gouvernementales à la formation et l'application du droit international. In: Bettati, Mario / Dupuy, Pierre-Marie (Hrsg.): Les O.N.G. et le Droit International. Paris, S. 1-21

Bettati, Mario / Dupuy, Pierre-Marie (Hrsg.) (2001): Les O.N.G. et le Droit International. Paris

Biedermann, Christiane (2000): Was heißt Freiwillige managen? – Grundzüge des Freiwilligen-Managements. In: Nährlich, Stefan / Zimmer, Annette (Hrsg.): Management in Nonprofit-Organisationen. Eine praxisorientierte Einführung. Opladen, S. 107-128.

Blum, Felix (2002): Die Anerkennung von NGOs (nichtstaatlichen Organisationen) im Internationalen Privatrecht. Regensburg

Boli, John / Thomas, George M. (Hrsg.) (1999): Constructing World Culture: INGOs since 1875. Stanford

Brand, Ulrich u.a. (2000): Global Governance. Alternative zur neoliberalen Globalisierung? Münster

Brett, Rachel (1995): The Role and Limits of Human Rights NGOs at the United Nations. In: Political Studies, Special Issue: Politics and Human Rights, 43, S. 96-110.

Broadhurst, Arlene I. / Ledgerwood, Grant (1998): Environmental Diplomacy Corporations and Non-Governmental Organizations: The Worldwide Web of Influence. In: International Relations, 14:2, S. 1-19.

Brozus, Lars / Take, Ingo / Wolf, Klaus Dieter (2003): Vergesellschaftung des Regierens? Der Wandel nationaler und internationaler politischer Steuerung unter dem Leitbild der nachhaltigen Entwicklung. Opladen.

Bruckmeier, Karl (1997): NGO-Netzwerke als globale Umweltakteure. In: Brand, Karl-Werner (Hrsg.): Nachhaltige Entwicklung. Eine Herausforderung an die Soziologie. Opladen, S. 131-148.

Brühl, Tanja (2001): Mehr Raum für die unbequemen Mitspieler? Die Einbeziehung von NGOs in die internationalen (Umwelt-)Verhandlungen. In: Brunnengräber, Achim / Klein, Ansgar / Walk, Heike (Hrsg.): NGOs als Legitimationsressource. Zivilgesellschaftliche Partizipationsformen im Globalisierungsprozess. Opladen, S. 137-156.

Brunnengräber, Achim (1997): Advokaten, Helden und Experten – NGOs in den Medien. In: Forschungsjournal Neue Soziale Bewegungen, 10:4, S. 13-26.

Brunnengräber, Achim / Walk, Heike / Klein, Ansgar (Hrsg.) (2001): NGOs als Legitimationsressource. Opladen

Bull, Benedicte / Boas, Morton / McNeill, Desmond (2004): Private Sector Influence in the Multilateral System: A Changing Structure of World Governance. In: Global Governance, 10, S. 481-498.

Calließ, Jörg (Hrsg.) (1994): Auf dem Weg zur Weltinnenpolitik. Vom Prinzip der nationalen Souveränität zur Notwendigkeit der Einmischung. Loccum

Calließ, Jörg (Hrsg.) (1998): Barfuß auf dem diplomatischen Parkett. Loccum

Cap Anamur 2005: Komitee Cap Anamur, http://www.cap-anamur.org/index.php4?seite_id=8; abgerufen am 18.12.05

Carver, John (1997^2): Boards that make a difference. San Francisco

Chandler, David (2001): The Road to Military Humanitarianism: How the Human Rights NGOs Shaped A New Humanitarian Agenda. In: Human Rights Quarterly, 23:3, S. 678-700.

Charnovitz, Steve (1997): Two centuries of participation: NGOs and International Governance. In: Michigan Journal of International Law, 18:2, S. 183-286.

Chatfield, Charles (1997): Intergovernmental and Nongovernmental Associations to 1945. In: Smith, Jackie / Chatfield, Charles / Pagnucco, Ron (Hrsg.): Transnational Social Movements and Global Politics. Solidarity Beyond the State, Syracuse, S. 19-41.

Clapham, Andrew (2000): UN Human Rights Reporting Procedures: An NGO Perspective. In: Alston, Philip / Crawford, James (Hrsg.): The Future of UN Human Rights Treaty Monitoring. Cambridge, S. 175-98.

Clark, Ann Marie (2001): Diplomacy of Conscience. Amnesty International and Changing Human Rights Norms. Princeton

Clark, Ann Marie / Friedman, Elisabeth / Hochstetler, Kathryn (1998): The Sovereign Limits of Global Civil Society: A Comparison of NGO Participation in UN World Conferences on the Environment, Human Rights, and Women. In: World Politics, 51:1, S. 1-35.

Clarke, Gerard (1998): Non-governmental organizations (NGOs) and politics in the developing world. In: Political Studies, 46, S. 36-52.

Clinton, Bill (2004): Buchrückseite. In: Anheier, Helmut / Glasius, Marlies / Kaldor, Mary (Hrsg.): Global Civil Society 2004/5. London

Commission of the European Union (2001): The Commission and non-governmental organisations: Building a stronger partnership, Commission Discussion Paper, Brussels

Cook, Helena (1996): Amnesty International at the United Nations. In Willetts, Peter (Hg.): 'The Conscience of the World'. The Influence of Non-Governmental Organisations in the UN System. London, S. 181-213.

Council of Europe (1986): European Convention on the Recognition of the Legal Personality of International Non-Governmental Organizations. ETS No.124

Council of Europe (2002): Fundamental Principles on the Status of Non-Governmental Organisations in Europe, Doc. MM ONG (2001) 1 Rev. 5 (2002)

Czempiel, Ernst-Otto (1981): Internationale Politik. Ein Konfliktmodell. Paderborn

della Porta, Donatella / Diani, Mario (1999): Social Movements. Oxford

Deutsche Shell (Hrsg.) (2000): Jugend 2000. 13. Shell Jugendstudie. Opladen

Eade, Deborah (1997): Capacity building. An Approach to people-centred Development. Oxford

Eckardstein, Dudo von /Ridder, Hans-Gerd (Hrsg.) (2003): Personalmanagement als Gestaltungsaufgabe im Nonprofit und Public Management. München

Edwards, Michael (2000): NGO rights and responsibilities. A new deal for global governance. London

Edwards, Michael / Hulme, David (1992): Scaling-up the developmental impact of NGOs: Concepts and Experiences. In: Edwards, Michael / Hulme, David (Hrsg.): Making a difference. NGOs and development in a changing world. London, S. 13-27.

Ernst, Jörg (2000): Profil zeigen! – Die Leitbildentwicklung als notwendige Voraussetzung für eine effektive Öffentlichkeitsarbeit. In: Nährlich, Stefan / Zimmer, Annette (Hrsg.): Management in Nonprofit-Organisationen. Eine praxisorientierte Einführung. Opladen, S. 225-244.

Feraru, Anne (1974): Transnational Political Interests and the Global Environment. In: International Organization, 28:1, S. 31-60.

Finke, Barbara (2005): Legitimation globaler Politik durch NGOs. Frauenrechte, Deliberation und Öffentlichkeit in der UNO. Wiesbaden

Fowler, Alan (1995): Participatory self Assessment of NGO Capacity. ITRAC Occasional Papers series No. 10, Oxford

Frantz, Christiane (2001): Neues Spielfeld für NGOs? Nationalstaaten und NGOs in der transnationalen Politik. Working Paper No 14 der Arbeitsstelle Aktive Bürgerschaft, Münster.

Frantz, Christiane (2005): Karriere in NGOs. Politik als Beruf jenseits der Parteien. Wiesbaden

Freres, Christian L. (2000): Striving for Influence in a complex Environment: NGO advocacy in the European Union. In: Lewis, Paul / Wallace, Tina (Hrsg.): New Roles and Relevance. Development NGOs and the Challenge of Change. Bloomfield, S. 131-138.

Fücks, Ralf (2003): Lobbyismus braucht demokratische Kontrolle. In: Leif, Thomas / Speth, Rudolf (Hrsg.): Die stille Macht. Wiesbaden S. 55-59.

Furtak, Florian (2005): Nichtregierungsorganisationen (NGOs) im politischen System der Europäischen Union. Strukturen – Beteiligungsmöglichkeiten – Einfluss. München

Gaer, Felice (1996): Reality Check: Human Rights Nongovernmental Organisations confront Governments at the United Nations. In: Weiss, Thomas G. / Gordenker, Leon (Hrsg.): NGOs, the UN, and Global Governance. Boulder, S. 51-66.

Global Policy Forum (2000): NGO Working Group on the Security Council – Information Statement', http://www.globalpolicy.org/security/ngowkrp/statements/current.htm, Papier datiert Dezember 2000

Gmür, Markus (2000): Strategisches Management für Nonprofit-Organisationen. In: Nährlich, Stefan / Zimmer, Annette (Hrsg.): Management in Nonprofit-Organisationen. Eine praxisorientierte Einführung. Opladen, S. 177-200.

Gordenker, Leon / Weiss, Thomas G. (1996): Pluralising Global Governance: Analytical Approaches and Dimensions. In: Weiss, Thomas G. / Gordenker, Leon (Hrsg.): NGOs, the UN, and Global Governance. Boulder, S. 17-50.

Gordenker, Leon / Weiss, Thomas G. (1998): Devolving Responsibilities: a Framework for Analysing NGOs and Services. In: Weiss, Thomas G. (Hg.): Beyond UN Subcontracting. Task-Sharing with Regional Security Arrangements and Service-Providing NGOs. London, S. 30-48.

Gounelle, Max (1996³): Relations Internationales. Paris.

Grande, Edgar (1997): Abschied vom Nationalstaat? Entwicklungslinien moderner Staatlichkeit in Europa.

Greenpeace (Hrsg.) (2005): Brent Spar und die Folgen. 10 Jahre danach. Hamburg

Haibach, Marita (2000): Fundraising – die Kunst, Spender und Sponsoren zu gewinnen. In: Nährlich, Stefan / Zimmer, Annette (Hrsg.): Mana-

gement in Nonprofit-Organisationen. Eine praxisorientierte Einführung. Opladen, S. 65-83.
Hallmann, Thorsten / Priller, Eckard / Zimmer, Annette (2003): Zur Entwicklung des Nonprofit Sektors und den Auswirkungen auf das Personalmanagement seiner Organisationen. In: Eckardstein, Dudo von / Ridder, Hans-Gerd (Hrsg.): Personalmanagement als Gestaltungsaufgabe im Nonprofit und Public Management. München, S. 33-52.
Harris, Andrew / Dombrowski, Peter (2002): Military Collaboration with Humanitarian Organizations in Complex Emergencies. In: Global Governance, 8:2, S. 155-178.
Harris, Margaret (1993): Clarifying the Board Role: A total Activities Approach. In: Young, Dennis (Hg.): Governing, Leading, and Managing Nonprofit Organizations. San Francisco, S. 17-31.
Hauchler, Ingomar (1999): Globalisierung und die Zukunft der Demokratie. In: Ders. / Messner, Dirk / Nuscheler, Franz (Hrsg.): Globale Trends zur Jahrhundertwende. Frankfurt/Main. S. 20-44.
Heins, Volker (2002): Weltbürger und Lokalpatrioten. Eine Einführung in das Thema Nichtregierungsorganisationen. Opladen
Held, David / McGrew, Anthony / Goldblatt, David / Parraton, Jonathan (1999): Global Transformations. Cambridge
Hirsch, Joachim (1999): Das demokratische Potential von Nichtregierungsorganisationen. Wien
Hirsch, Joachim (2001): Des Staates neue Kleider. NGO im Prozess der Internationalisierung des Staates. In: Brand, Ulrich u.a.. (Hrsg.): Nichtregierungsorganisationen in der Transformation des Staates. Münster, S. 13-42.
Hudson, Alan (2000): Making the Connection: Legitimacy Claims, Legitimacy Chains and northern NGOs' International Advocacy. In: Lewis, Paul / Wallace, Tina (Hrsg.): New roles and relevance. Development NGOs and the Challenge of Change. Bloomfield, S. 89ff.
Hudson, Mike (1995): Managing without Profit. The Art of Managing Third-Sector Organizations. London
Hüfner, Klaus (1995): The Role of NGOs vis-à-vis International Organizations and National Governments. In: Schramm, Jürgen (Hg.): The Role of Non-Governmental Organizations in the New European Order. Baden-Baden, S. 13-24.
Hulme, David / Michael Edwards (1997): NGOs, States and Donors: Too Close for Comfort. New York
Jarren, Otfried / Donges, Patrick (2002): Politische Kommunikation in der Mediengesellschaft. Eine Einführung. Bd 2: Akteure, Prozesse und Inhalte. Wiesbaden

Jauß, Claudia / Lahusen, Christian (2001): Lobbying als Beruf. Interessengruppen in der Europäischen Union. Baden-Baden

Joos, Klemens (1998): Interessenvertretung deutscher Unternehmen bei den Institutionen der Europäischen Union: mit Beispielen aus der Versicherungs-, Energie- und Verkehrssicherheitsbranche. Berlin

Kamminga, Menno (2005): The Evolving Status of NGOs under International Law: A Threat to the Inter-State System? In: Philip Alston (Hg.): Non-State Actors and Human Rights. Oxford, S. 93-111

✗ Keck, Margaret E. / Sikkink, Kathryn (1998*a*): Activists Beyond Borders. Ithaca, NY

Keck, Margaret E. / Sikkink, Kathryn (1998*b*): Transnational Advocacy Networks in the Movement Society. In: Meyer, David S. / Tarrow, Sidney (Hrsg.): The Social Movement Society. Lanham, S. 217-238.

Kendall, Jeremy / Knapp, Martin (2000): The third sector and welfare state modernisation: Inputs, activities and comparative performance. LSE-Civil Society Working Papers No 14, London

Kerssenbrock, Trutz Graf/Bartels, Hans-Peter (1994): Abgewählt? Wie den Parteien das Volk abhanden kam. Düsseldorf u.a.

Kießling, Andreas (2004): Demokratiedefizit und Legitimation der EU. Die Rahmenbedingungen der 6. Wahl des Europäischen Parlaments im Juni 2004. http://www.cap-lmu.de/aktuell/positionen/2004/demokratie_eu.php (abgerufen am 10.01.06)

Kissling, Claudia (2006): The Legal Status of NGOs in International Governance and its Relevance for the Legitimacy of International Organzations, TranState Working Papers 38, Bremen

Kitschelt, Herbert (1996): Demokratietheorie und Veränderungen politischer Beteiligungsformen. Zum institutionellen Design postindustrieller Gesellschaften. In: Forschungsjournal Neue Soziale Bewegungen, 9:2, S. 17-29.

Knaup, Horand (1996): Hilfe, die Helfer kommen, Karitative Organisationen im Wettbewerb um Spenden und Katastrophen. München

Koch, Svenja et al. (2005): Die Legitimität von Greenpeace Kampagnen. In: Greenpeace (Hrsg.): Brent Spar und die Folgen. Zehn Jahre danach. Hamburg, S. 30-33.

Kohl, Andreas (2002): Organisierte Kriminalität als NGO? - Die italienische Mafia. In: Frantz, Christiane / Zimmer, Annette (Hrsg.): Zivilgesellschaft international. Alte und neue NGOs, Opladen, S. 329-346.

Kohler-Koch, Beate / Conzelmann, Thomas / Knodt, Michèle (2004): Europäische Integration - Europäisches Regieren. Ein Lehrbuch. Wiesbaden

Kommission der Europäischen Gemeinschaften (2001): Europäisches Regieren. Ein Weißbuch. Brüssel

Korey, William (1998): NGOs and the Universal Declaration of Human Rights. New York

Kriesberg, Louis (1997): Social Movements and Global Transformation. In: Smith, Jackie / Chatfield, Charles / Pagnucco, Ron (Hrsg.): Transnational Social Movements and Global Politics. Solidarity Beyond the State. Syracuse, NY, S. 3-18.

Lador-Lederer, J. (1963): International Non-Governmental Organisations and Economic Entities. Leyden

Lahusen, Christian (2002): Transnationale Kampagnen sozialer Bewegungen, Grundzüge einer Typologie, in: Forschungsjournal Neue Soziale Bewegungen, 15:1, S. 40-46.

Langnickel, Hans (2000): Ehrenamtliche Vorstandsarbeit – eine Frage der Qualität. In: Nährlich, Stefan / Zimmer, Annette (Hrsg.): Management in Nonprofit-Organisationen. Eine praxisorientierte Einführung. Opladen, S. 147-174.

Leif, Thomas / Speth, Rudolf (Hrsg.) (2003): Die stille Macht. Lobbyismus in Deutschland. Wiesbaden

Lindblom, Anna-Karin (2001): The Legal Status of Non-Governmental Organisations in International Law. Uppsala

Lindenberg, Marc / Bryant, Coralie (2001): Going Global - Transforming Relief and Development NGOs. Bloomsfield

Martens, Kerstin (2001): Nongovernmental Organisations as Corporatist Mediator? In: Global Society, 15:4, S. 387-403.

Martens, Kerstin (2002): Mission impossible? Defining Nongovernmental Organizations. In: Voluntas, 13:3, S. 271-285

Martens, Kerstin (2004): An Appraisal of Amnesty International's Work at the United Nations – Established Areas of Activities and Shifting Priorities since the 1990s. In: Human Rights Quarterly, 26:4, S. 1050-1070

Martens, Kerstin (2005a): NGOs and the United Nations – Institutionalization, Professionalization and Adaptation. Houndmills, Basingstoke

Martens, Kerstin (2005b): Professionalisierung der NGO-Einbindung in das UN System. In: Forschungsjournal Neue Soziale Bewegungen, 18:1, S. 51-57

Martens, Kerstin (2006): Professionalised Representation of Human Rights NGOs to the United Nations, In: International Journal of Human Rights, 10:1, S. 19-30

Mathews, Jessica (1997): Power Shift. In: Foreign Affairs, 76:1, S. 50-66

Mawlawi, Farouk (1993) The Evolving Role of Non-Governmental Actors. In: Journal of International Affairs, 46:2, S. 391-414

Menzel, Ulrich (1998): Globalisierung versus Fragmentierung. Frankfurt/Main

Messner, Dirk (1996): Politik im Wandel. NGOs in der Irrelevanzfalle oder NGOisierung der (Welt)-Politik? In: Friedrich-Ebert-Stiftung (Hrsg.), Globale Trends und internationale Zivilgesellschaft, Bonn

Meyer, David / Tarrow, Sidney (Hrsg.) (1998): The Social Movement Society: Contentious Politics for a New Century. Boulder

Meynaud, Jean (1961): Les Groupes de Pression Internationaux. Lausanne

Michels, Robert 1911 [1970]: Zur Soziologie des Parteiwesens in der modernen Demokratie. Untersuchungen über die oligarchischen Tendenzen des Gruppenlebens. Stuttgart

Nanz, Patrizia / Steffek, Jens (2005): Assessing the Democratic Quality of Deliberation – Criteria and Research Strategies. In: Acta Politica, Special Issue: Deliberative Approaches to Empirical Politics, 40:3, S. 368-383.

Paul, James (2001): Der Weg zum Global Compact. In: Brühl, Tanja u.a. (Hrsg.): Die Privatisierung der Weltpolitik. Bonn, S. 104-129.

Paul, James (2003): The Arria Formula, erhältlich online bei: http://www.globalpolicy.org/security/mtgsetc/arria.htm (abgerufen: 4.7.2006)

Price Cohen, C. (1990): The role of non-governmental organizations in the drafting of the Convention of the Rights of the Child. In: Human Rights Quarterly, 12:1, S. 137-147.

Price, Richard (1998): Reversing the Gun Sights: Transnational Civil Society Targets Land Mines. In: International Organization, 52:3, S. 613-64.

Princen, Thomas / Finger, Matthias (1994): Introduction. In: Princen, Thomas / Finger, Matthias (Hrsg.): Environmental NGOs in World Politics. Linking the Local and the Global. London, S. 1-28.

Raschke, Joachim (1985): Soziale Bewegungen. Ein historisch-systematischer Grundriss. Frankfurt/Main

Redlefs, Manfred (2005): Glaubwürdigkeit – das wichtigste Kapitel von NGOs. In: Greenpeace (Hrsg.): Brent Spar und die Folgen. Zehn Jahre danach. Hamburg, S. 34-39.

Retzmann, Thomas (1996): Konfrontation oder Diskurs? Politische und ökonomische Lehren aus dem Fall Brent Spar. Schriften zur Didaktik der Wirtschafts- und Sozialwissenschaften Nr. 62. Bielefeld

Risse-Kappen, Thomas (Hg.) (1995): Bringing Transnational Relations Back In: Non-State Actors, Domestic Structures and International Institutions. Cambridge

Rittberger, Volker / Boekle, Henning (1996): Das Internationale Olympische Komitee – eine Weltregierung des Sports? In: Die Friedenswarte. Blätter für internationale Verständigung und zwischenstaatliche Organisation, 71:2, S. 155-88.

Robins, Dorothy (1960): United States Non-Governmental Organizations and the Educational Campaign from Dumbarton Oaks, 1944 Through the San Francisco Conference, 1945. New York

Rooy, Alison van (2004): The Global Legitimacy Game: Civil Society, Globalization and Protest. Houndsmills, Basingstoke

Rosenau, James N. / Czempiel, Ernst-Otto (1992): Governance without Government: Order and Change in World Politics. Cambridge

Roth, Roland (2005): Transnationale Demokratie. Beiträge, Möglichkeiten und Grenzen von NGOs. In: Klein, Ansgar / Walk, Heike / Brunnengräber, Achim (Hrsg.): NGOs im Prozess der Globalisierung. Mächtige Zwerge – umstrittene Riesen. Schriftenreihe der Bundeszentrale für politische Bildung, Band 400. Bonn, S. 80-128.

Rucht, Dieter (1993): Parteien, Verbände und Bewegungen als Systeme politischer Interessenvermittlung. In: Niedermayer/Stöss (Hrsg.): Stand und Perspektiven der Parteienforschung. Opladen, S. 251-277.

Rucht, Dieter (1996): Multinationale Bewegungsorganisationen. Bedeutung, Bedingungen, Perspektiven. In: Forschungsjournal Neue Soziale Bewegungen, 9:2, S. 30ff.

Rucht, Dieter (Hrsg.) (2001): Protest in der Bundesrepublik: Strukturen und Entwicklungen. Frankfurt/Main

Rutherford, Kenneth R. (2000). The Evolving Arms Control Agenda: Implications of the Role of NGOs in Banning Antipersonnel Landmines. In: World Politics, 53:1, S. 74-114.

Sands, Philippe (1992): The Role of Environmental NGOs in International Environmental Law. In: Development, 2 (1992), S. 28-32.

Saretzki, Thomas / Rohde, Markus / Leif, Thomas (1999): Ratlose Politiker, hilflose Berater? Zum Stand der Politikberatung in Deutschland. Editorial zum Themenheft. Forschungsjournal Neue Soziale Bewegungen, 12:3, Opladen, S. 2-7.

Schäfer, Frank (1998): Vom Hoffnungsträger zum Markenhersteller. NGOs als intermediäre Interessenvermittler. In: Forschungsjournal Neue Soziale Bewegungen, S. 103-107.

Scharpf, Fritz W.: Regieren in Europa. Effektiv und demokratisch? Frankfurt/Main und New York 1999

Schmidt, Hilmar / Take, Ingo (1997): Demokratischer und besser? Der Beitrag von Nichtregierungsorganisationen zur Demokratisierung internationaler Politik und zur Lösung globaler Probleme. In: Aus Politik und Zeitgeschichte, B 43/1997, S. 12-20.

Schmitz, Hans Peter (1997): Nichtregierungsorganisationen und internationale Menschenrechtspolitik. In: Comparativ, 7:4, S. 27-67.

Schmitz, Hans Peter (2001): Menschenrechtswächter: partielle Midlifecrisis, Vereinte Nationen, 1, S. 7-12.

Schorlemer, Sabine von (2002): Der ‚Global Compact' der Vereinten Nationen – ein Faust'scher Pakt mit der Wirtschaftswelt? in: Dies. (Hg.): Praxishandbuch UNO. Die Vereinten Nationen im Lichte globaler Herausforderungen. Berlin u.a., S. 507-552.

Schulze, Peter M. (1994): Nicht-Regierungsorganisationen und die Demokratisierung des VN-Systems. In: Hüfner, Klaus (Hg.): Die Reform der Vereinten Nationen. Die Weltorganisation zwischen Krise und Erneuerung. Opladen, S. 119-40.

Schütte, Norbert (2000): Bezahltes Personal in Nonprofit-Organisationen. Pro- und Contra-Argumente zur Professionalisierung. In: Nährlich, Stefan / Zimmer, Annette (Hrsg.): Management in Nonprofit-Organisationen. Eine praxisorientierte Einführung. Opladen, S. 129-146.

Seary, Bill (1996): The Early History: From the Congress of Vienna to the San Francisco Conference. In: Willetts, Peter (Hg.), 'The Conscience of the World'. The Influence of Non-Governmental Organisations in the UN System. London, S. 15-30.

Senghaas, Dieter (1992): Weltinnenpolitik. Ansätze für ein Konzept. In: Europa Archiv, 47/1992, S. 642-652.

Simsa, Ruth (2003): Einflussstrategien von Nonprofit Organisationen: Ausprägungen und Konsequenzen für das Personalmanagement. In: Eckardstein, Dudo von / Ridder, Hans-Gerd (Hrsg.): Personalmanagement als Gestaltungsaufgabe im Nonprofit und Public Management. München und Mering, S. 53-76.

Skjelsbaek, Kjell (1971): The Growth of International Nongovernmental Organization in the Twentieth Century. In: International Organization, Special Issue: Transnational Relations and World Politics, 25:3, S. 420-442.

Skowronek, Andreas (2003): Bloß nichts Verbindliches. Das Zusammenspiel von Ministerien und Lobbyisten. In: Leif, Thomas / Speth, Rudolf (Hrsg.): Die stille Macht. Wiesbaden, S. 372-377.

Smith, Jackie (1997): Characteristics of the Modern Transnational Social Movement Sector. In: Smith, Jackie / Chatfield, Charles / Pagnucco, Ron (Hrsg.): Transnational Social Movements and Global Politics. Solidarity Beyond the State. Syracuse, S. 42-58.

Smith, Jackie / Johnston, Hank (2002): Globalization and Resistance. Transnational Dimensions of Social Movements. Lanham

Smith, Jackie / Pagnucco, Ron / Romeril, Winnie (1994): Transnational social movement organisations in the global political arena. In: Voluntas, 5:2, S. 121-154.

Smith, Jackie /Chatfield, Charles / Pagnucco, Ron (Hrsg.) (1997): Transnational Social Movements and Global Politics. Solidarity Beyond the State. Syracuse

Spiegel Spezial (1995): Die Macht der Mutigen. Politik von untren: Greenpeace, Amnesty & Co. Hamburg

Steering Committee for Humanitarian Response (2000): Steering Committee for Humanitarian Response. Genf

Steiner, Henry J. (1991): Diverse Partners. Non-Governmental Organizations in the Human Rights Movement. Cambridge, MA: Harvard Law School Human Rights Program

Stoecker, Felix William (2000): NGOs und die UNO. Die Einbindung von Nichtregierungsorganisationen (NGOs) in die Strukturen der Vereinten Nationen. Frankfurt/Main

Strachwitz, Rupert (2000): Management und Nonprofit-Organisationen – von der Vereinbarkeit von Gegensätzen. In: Nährlich, Stefan / Zimmer, Annette (Hrsg.): Management in Nonprofit-Organisationen. Opladen, S. 23-36.

Strauch, Manfred (1993): Lobbying – die Kunst des Einwirkens. In: Ders. (Hrsg.): Lobbying. Wirtschaft und Politik im Wechselspiel. Wiesbaden, S. 17-60.

Take, Ingo (2002): NGOs im Wandel. Wiesbaden

Takur, Ramesh / Weiss, Thomas G. (o.J.): The UN and Global Governance: An Idea and its Prospects. http://www.unhistory.org/publications/globalgov.html (abgerufen am 12.03.06)

Tarlock, Dan (1993): The Role of Non-Governmental Organisations in the Development of International Environmental Law. In: Chicago Kent Law Review, 68, S. 61-76.

Thränhardt, Dietrich (1992): Globale Probleme, globale Normen, neue globale Akteure. In: Politische Vierteljahresschrift, 33:2, S. 219-234.

Thunert, Martin (1999): Think Tanks als Ressourcen der Politikberatung. in: Forschungsjournal Neue Soziale Bewegungen, 12:3, S. 10-19.

UNO Doc. A/58/817; We the peoples: civil society, the United Nations and global governance, (11. Juni 2004)

UNO Doc. A/53/170; Arrangement and practices for the interaction of non-governmental organizations in all activities of the United Nations system, (10. Juli 1998)

UNO Doc. E/1999/109; Report of the Committee on Non-Governmental Organizations on its 1999 Session, (15. Juli 1999)

UNO Doc. E/2000/88 (Part II); Report of the Committee on Non-Governmental Organizations on its resumed 2000 Session, (13. Juli 2001)

UNO Doc. E/2001/8; Report of the Committee on Non-Governmental Organizations on its resumed 2000 regular session, (22. Februar 2001)

UNO Resolution 288(X); Review of consultative arrangements with non-governmental organizations, (27. Februar 1950)

UNO Resolution 1296 (XLIV); Arrangement for consultation with non-governmental organizations, (23. Mai 1968)

UN Resolution 1996/31; Consultative relationship between the United Nations and non-governmental organizations, (25 Juli 1996)

Union of International Associations (2006a): Types of Organization in the Yearbook, http://www.uia.org/organizations/orgtypes/orgtyped.php (abgerufen: 20.01.2006)

Union of International Associations (2006b): International Associations Under Belgian Law, erhältlich online bei: http://www.uia.org/legal/app61.php (abgerufen: 20.1.2006)

Union of International Associations (verschiedene Jahrgänge): Yearbook of International Organisations. Brussels.

Uphoff, Norman (1996): Why NGOs are not a third sector. A sectoral anaysis with some thoughts on accountability, sustainability, and evaluation. In: Edwards/Hulme (Hrsg.): Beyond the magic bulle. NGO performance and accountability in the Post-cold war world. West Hartford, S. 23-39.

Uvin, Peter / Weiss, Thomas G. (1998): The United Nations and NGOs: Global Civil Society and Institutional Change. In: Glassner, Martin Ira (Hg.): The United Nations at Work. Westport, S. 213-238.

VENRO (Hrsg.) (2005): Selbst bestimmt oder Auftragnehmer? Die Rolle der Nord-NRO in der Europäischen Entwicklungspolitik. VENRO Arbeitspapier Nr. 16. Bonn

Vilain, Michael (2002): Das Internationale Rote Kreuz als NGO. In: Frantz, Christiane / Zimmer, Annette (Hrsg.): Zivilgesellschaft international. Alte und neue NGOs, Opladen, S.119-135

Vöcking, Knud (2005): Das Lobbying internationaler Entwicklungs-NGOs bei der Weltbank. In: Forschungsjournal Neue Soziale Bewegungen, 18:1, S. 58-64

Wahl, Peter (1996): Globale Trends und internationale Zivilgesellschaft oder: die NGOisierung der (Welt-) Politik, Friedrich Ebert Stfitung Papier, Bonn

Wahl, Peter (1998): NGO-Multis, McGreenpeace und die Netzwerk-Guerilla. Zu einigen Trends in der internationalen Zivilgesellschaft. In: Peripherie, Nr. 71, S. 55-68.

WDR 2005: Dokumentation „Greenpeace gegen Shell – Der Fall Brent Spar", ausgestrahlt im TV-Sender Phoenix im November 2005

Weber, Max (1988, zuerst 1914): Politik als Beruf. In: Gesammelte politische Schriften. Stuttgart

Weiss, Andreas von (1980): Die Non-Governmentalen Organizations und die Vereinten Nationen. In: Zeitschrift für Politik, 29:2, S. 387-406.

Weizsäcker, Ernst Ulrich von (2001): Zur Frage der Legitimität der NGOs im globalen Machtkonflikt. In: Brunnengräber/Klein/Walk (Hrsg.), NGOs als Legitimationsressource. Opladen

Weschler, Joanna (1998): Non-Governmental Human Rights Organizations. In: Polish Quarterly of International Affairs, 7:3, S. 137-154.

White, Lyman C. (1933): The Structure of Private International Organizations. New Brunswick

White, Lyman C. (1968): International Non-Governmental Organizations. New York

Wiesendahl, Elmar (2001): Keine Lust mehr auf Parteien. Zur Abwendung Jugendlicher von den Parteien. In: Aus Politik und Zeitgeschichte, B 10/2001, S. 7-19.

Willetts, Peter (1982): Pressure Groups as Transnational Actors. In: Willetts, Peter (Hg.): Pressure Groups in the Global System. The Transnational Relations of Issue-Orientated Non-Governmental Organizations. London, S. 1-27.

Willetts, Peter (1996): Introduction. In: Willetts, Peter (Hg.): 'The Conscience of the World'. The Influence of Non-Governmental Organisations in the UN System. London, S. 1-14.

Wiseberg, Laurie S. (1993): Defending human rights defenders: The importance of freedom of association for human rights NGOs. Montreal

Wiseberg, Laurie S. / Scoble, Harry M. (1977): The International League for Human Rights: The Strategy of a Human Rights NGO. In: Georgia Journal of International and Comparative Law, 7, S. 289-313.

Wood, Miriam M. (1996): Nonprofit Boards and Leadership. Cases on Governance, Change and Board-Staff Dynamics. San Francisco

Young, Dennis (1999): Complementary, Supplementary, or Adversarial? A Theoretical and Historical Examination of Nonprofit-Government Relations in the United States. In: Boris, Elizabeth / Steuerle, Eugene (Hrsg.): Nonprofits and Government. Collaboration and Conflict. Washington, S. 31-67.

Young, Dennis R. (1991): Organising principles for international advocacy associations. In: Voluntas, 3:1, S. 1-28.
Zimmer, Annette (2001): NGOs – Verbände im globalen Zeitalter. In: Zimmer, Annette / Weßels, Bernhard (Hrsg.): Verbände und Demokratie in Deutschland. Opladen, S. 331-357.
Zimmer, Annette/Priller, Eckard (2006): Arbeit als Engagement. In: Aus Politik und Zeitgeschichte B 12/2006
Zürn, Michael (1998): Regieren jenseits des Nationalstaates. Frankfurt/Main

6.2 Empfehlungen zu weiterführender Literatur

Der vorliegende Band thematisiert wichtige Aspekte zum Thema NGOs. Auf dem begrenzten Raum ist aber keine umfassende und gleichzeitig problemorientiert vertiefende Analyse der NGOs möglich. Daher werden nachfolgend aus dem großen Kreis existierender Publikationen exemplarisch deutschsprachige und englischsprachige Bücher vorgestellt, die NGOs ins Zentrum stellen und der Vertiefung dienen. Hinzu kommen Empfehlungen einschlägiger Zeitschriften, die sich mit dem Dritten Sektor und auch schwerpunktmäßig mit NGOs befassen und aufgrund ihrer Periodizität der dynamischen Entwicklung im Themenfeld besonders gut gerecht werden können.

6.2.1 Buchempfehlungen

Brunnengräber, Achim / Klein, Ansgar / Walk, Heike (Hrsg.) (2005): NGOs im Prozess der Globalisierung. Mächtige Zwerge – umstrittene Riesen. Bonn

> Der Band stellt vor allen Dingen die NGOs als Mitspieler in Politikprozessen der internationalen Politik in den Mittelpunkt. Nach einer weitreichenden Einführung der Herausgeber werden NGOs insbesondere als Hoffnungsträger für eine (Welt)Zivilgesellschaft, als Gegenspieler so genannter „Multis" aber auch als Akteure auf den Feldern Entwicklung und Konfliktmanagement analysiert. Hinzu kommen solche Beiträge, die internationale Herausforderungen und die Positionierung von NGOs bei der Problembearbeitung zur Debatte

stellen. Besonders positiv ist hervorzuheben, dass in dem Sammelband auch die historischen und wieder aktuellen Bezüge nicht vergessen werden: welche Rolle spielen NGOs heute noch und wieder in globalen Protestnetzwerken. Zusätzlicher „Charme" dieses Buches: Es wird gegen einen geringen Kostenbeitrag durch die Bundeszentrale für politische Bildung vertrieben.

Frantz, Christiane (2005): Karriere in NGOs. Politik als Beruf jenseits der Parteien. Wiesbaden

In der Studie stehen die Protagonisten in NGOs, die „Macher" von NGO-Politik im Zentrum des Interesses. Auf der Basis von mehreren Dutzend Interviews mit Politikgestaltern und –gestalterinnen in deutschen NGOs bzw. in deutschen Geschäftsstellen wird die Motivation, der Politikbegriff, die Sozialisation und das Verhältnis der NGO-Politiker zur politischen Macht herausgearbeitet. Vier unterschiedliche Prototypen von NGO-Hauptamtlichen werden herausgearbeitet. Darüber hinaus wird ein Modell von Berufspolitik jenseits der klassischen Parteikarriere nachgewiesen.

Heins, Volker (2002): Weltbürger und Lokalpatrioten. Eine Einführung in das Thema Nichtregierungsorganisationen. Opladen

Das erste deutschsprachige Lehrbuch zum Thema, das sich an einer sozialwissenschaftlichen Leserschaft orientiert, denn Heins' Argumentation setzt Grundkenntnisse in den Bereichen der internationalen Politik und der organisierten Interessenvermittlung voraus. Die Entwicklungsgeschichte auf der Basis erster transnationaler sozialer Bewegungen wird ebenso aufgezeigt wie heutige Arbeitsformen von NGOs. Die Darstellung wird immer wieder mit konkreten Bezügen zu einzelnen Organisationen und ihre Wirkung in Politikfeldern verdeutlicht.

Keck, Margaret / Sikkink, Kathryn (1998): Activists Beyond Borders. Ithaca/London

Diese viel zitierte Buch von Margaret Keck und Kathryn Sikkink klärt auf, wie transnationale *advocacy*-Netzwerke in der internationalen Politik agieren. Mit ihrem in diesem Buch entwickelten Model des „Bumerangeffekt" beschreiben die beiden Autorinnen wie national agierende NGOs sich mit internationalen NGOs, internationalen zwischenstaatlichen Organisationen und Staaten verbünden, und ein transnationales Netzwerk bilden, um auf Staaten Druck auszuüben, die sich nicht an internationale Normen und Standards halten. Nach dem Kapitel zum theoretischen Ansatz folgen ein historischer Aufriss sowie drei empirische Kapitel zu Menschenrechtsnetzwerken in Lateinamerika, Umweltnetzwerken und transnationalen Netzwerken zu Verhinderung von Gewalt gegen Frauen. Mit „Activists Beyond Borders" haben Margaret Keck und Kathryn Sikkink den mit 200,000$ dotierten *Grawemeyer Award For Ideas Improving World Order* erhalten.

Martens, Kerstin (2005): NGOs and the United Nations – Institutionalization, Professionalization and Adaptation. Houndmills, Basingstoke

Die Studie von Kerstin Martens ist die neuste Monographie zu NGOs und ihrem Verhältnis zu der UNO. Sie untersucht, wie sich die Interaktion zwischen beiden Organisationstypen über die Jahre verändert hat. Insbesondere konzentriert sich diese Arbeit auf die Periode seit Mitte der 1990er Jahre, als sich die UNO stärker für zivilgesellschaftliche Akteure geöffnet hat – und konstratiert dieses vergangene Jahrzehnt mit den 1970er und 1980er Jahren. Aufbauend auf einem neo-institutionellen Theorieansatz werden Interaktionsmuster zwischen NGOs und der UNO, Professionalisierungstendenzen innerhalb der NGOs hinsichtlich ihrer Zusammenarbeit mit der UNO und die Verrechtlichung des Verhältnisses beider Organisationstypen genauer unter die Lupe genommen. Die Studie bietet zu jedem Themenblock je einen generellen Überblick und untersucht dann acht Fälle detailliert - unter ihnen AMNESTY INTERNATIONAL, HUMAN RIGHTS WATCH, CARE INTERNATIONAL UND OXFAM INTERNATIONAL.

6.2.2 Empfohlene Fachzeitschriften

Forschungsjournal Neue Soziale Bewegungen

Das *Forschungsjournal Neue Soziale Bewegungen* ist eine der wichtigsten deutschsprachigen Zeitschriften im Bereich der Bewegungsforschung, die seit 1988 herausgegeben wird. Das *Forschungsjournal* bedient sich eines interdisziplinären Zugriffs auf die unterschiedlichen gesellschaftlichen Akteure, wie beispielsweise soziale Bewegungen und NGOs, behandelt aber auch Verbände und Parteien. Es hat den Anspruch, nicht nur die wissenschaftliche Debatte, sondern auch die politische Praxis mit neuen Erkenntnissen und Handlungsperspektiven zu bedienen. Jedes Heft ist einer übergeordneten Thematik gewidmet. Das *Forschungsjournal* greift häufig aktuelle Themen auf und bezieht auch normative Beiträge zu gesellschaftlichen Akteuren mit ein. Das *Forschungsjournal* erscheint mit sechs Ausgaben pro Jahr.

Journal of Civil Society

Das *Journal of Civil Society* ist eine der jüngsten Fachzeitschriften auf dem Gebiet der NGO-Forschung. Diese Zeitschrift hat sich zum Ziel gesetzt, den aktuellen wissenschaftlichen Diskurs zum Konzept der Zivilgesellschaft und ihrer Organisationsformen, wie z.B. NGOs, zu lenken, zu verdichten und voran zu bringen. Das *Journal of Civil Society* ist eine interdisziplinäre Fachzeitschrift, die alle geistes- und sozialwissenschaftlichen Fachrichtungen ansprechen will. Sie wird seit 2005 vom *Center for Globalisation and Policy Research* an der *University of California* in Los Angeles unter der Herausgeberschaft von Helmut Anheier veröffentlicht. Das *Journal of Civil Society* erscheint drei Mal pro Jahr in englischer Sprache.

VOLUNTAS – International Journal of Voluntary and Nonprofit Organizations

Die seit 1990 herausgegebene Zeitschrift *VOLUNTAS – International Journal of Voluntary and Nonprofit Organizations* ist das offizielle Fachjournal der internationalen Gesellschaft für Dritte-Sektor-Forschung (*International Society for Third-Sector Research*). Sie stellt heute eine der führenden wissenschaftlichen Fachzeitschriften zu NGOs, Nonprofit-Organisationen und Verbändeforschung dar. *VOLUNTAS* sieht sich selbst als interdisziplinäre internationale Fachzeitschrift, deren Ziel es ist, ein zentrales Forum für weltweite Forschung für den Bereich zwischen Staat, Markt und der Privatsphäre zu sein. Beiträge werden in englischer Sprache gedruckt, aber Zusammenfassungen (*abstracts*) aller Beiträge sind in Französisch, Deutsch und Spanisch erhältlich. Es werden vier Ausgaben pro Jahr herausgegeben.

6.3 Nützliches zu NGOs im *world wide web*

Wer „NGO" in eine der bekannten Suchmaschinen eingibt, erhält rund 28.600.000 Treffer in 20 Sekunden. An möglichen Informationen mangelt es also online nicht – es ist eher eine Frage der richtigen Auswahl und einer sinnvollen Präzisierung der Suchkriterien, wenn man im *world wide web* sinnvolle Informationen finden möchte. Für die hier vorgestellten Internet-Adressen bedeutet dies, auf das hinzuweisen, was zu dem Thema NGO bereits im Text mehrfach als online-Zugang zu mehr Informationen genannt war und solche NGOs herauszugreifen, die im Text mehrfach als prominente Beispiele herangezogen wurden. Die Auswahl muss - angesichts der Fülle möglicher Anlaufstellen im Internet - in höchstem Maße als exemplarisch angesehen werden.

6.3.1 NGOs + EU

Coneccs
http://ec.europa.eu/comm/civil_society/coneccs/index_fr.htm

Europa digital zu Lobbying
http://www.europa-digital.de/aktuell/dossier/lobby/

ONG - The NGO Discussion Paper of the EU Commission
http://ec.europa.eu/comm/secretariat_general/sgc/ong/docs/communication_en.pdf

6.3.2 NGOs + UNO

Cardoso-Report
http://www.globalpolicy.org/reform/initiatives/panels/cardoso/index.htm

Global Compact
http://www.unglobalcompact.org/

UNO-Datenbank zu NGOs
http://www.unog.ch/, dann „Nongovernmental Organzations"

UNO-Konsultativstatus von NGOs
http://www.un.org/esa/coordination/ngo/

UNO-Civil Society
http://www.un.org/issues/civilsociety/

6.3.3 NGO-Plattformen und Netzwerke

Attac
http://www.attac.de/index.php

Commission on Global Governance
http://www.sovereignty.net/p/gov/ogn-front.html

Global Policy Forum
http://www.globalpolicy.org/
http://www.globalpolicy.org/eu/index.htm (europäisches Büro)

ISTR – International Society for Third Sector Research
http://www.istr.org/

Stiftung Entwicklung und Frieden
http://www.sef-bonn.org/

Union of International Assocations
http://www.uia.org/

VENRO
http://www.venro.org/

6.3.4 NGOs in ausgewählten Politikfeldern

Entwicklungszusammenarbeit

Brot für die Welt
http://www.brot-fuer-die-welt.de/

Caritas international
http://www.caritas.de/

Deutsche Welthungerhilfe
http://www.welthungerhilfe.de

Eed
http://www.eed.de/

Fair Trade
http://www.fairtrade.at/phps/index.php

FIAN
http://www.fian.de/fian/index.php

Misereor
http://www.misereor.de/

Missio
http://www.missio.de/dcms/sites/missio/index.html

Renovabis
http://www.renovabis.de/

Third World Network
http://www.twnside.org.sg/

Kinderhilfswerke

International Save the Children Alliance
http://www.savethechildren.net/alliance/index.html

Kindernothilfe
http://www.kindernothilfe.de/profil/index_main.html

Plan international
http://www.plan-deutschland.de/

SOS-Kinderdörfer
http://www.sos-kinderdorf.de/portal/?utm_source=google&utm_medium=keyword&utm_term=Kinderdorf&utm_campaign=current

World Vision
http://www.worldvision.de/

Not- und Katastrophenhilfe

Action Aid International
http://www.actionaid.org/

Ärzte ohne Grenzen / msf
http://www.aerzte-ohne-grenzen.de/

Care International
http://www.care-international.org/

IKRK – Internationales Komitee vom Roten Kreuz
http://www.icrc.org/

Medica Mondiale
http://www.medicamondiale.org/

Oxfam International
http://www.oxfam.org/

Umwelt

Greenpeace
http://www.greenpeace.org/international/
WWF international network
http://www.wwf.org/

BUND
http://www.bund.net/

Friends of the Earth
http://www.foe.org/

Green Cross International
http://gcinwa.newaccess.ch/index.htm

Robin Wood
http://www.umwelt.org/robin-wood/

Menschenrechte

Amnesty international
http://www.amnesty.org/

Fédération Internationale des ligues des Droits de l'Homme
http://www.fidh.org/

Human Rights in China
http://www.hrichina.org/public/index

Human Rights Watch
http://www.hrw.org/

International Commission of Jurists
http://www.icj.org

International League of Human Rights
http://www.ilhr.org/

Reporter ohne Grenzen
http://www.reporter-ohne-grenzen.de/

Terre des Femmes
http://www.terre-des-femmes.de/

Terre des Hommes
http://www.tdh.de/

Neu im Programm Politikwissenschaft

Jan Fuhse
Theorien des politischen Systems
David Easton und Niklas Luhmann.
Eine Einführung
2005. 125 S. (Studienbücher Politische Theorie und Ideengeschichte)
Br. EUR 12,90
ISBN 3-531-14674-2

Walter Gagel
Geschichte der Politischen Bildung in der Bundesrepublik Deutschland 1945 - 1989/90
3., überarb. und erw. Aufl. 2005.
343 S. Br. EUR 29,90
ISBN 3-531-31426-2

Uwe W. Gehring / Cornelia Weins
Grundkurs Statistik für Politologen
4., überarb. Aufl. 2004. XIII, 296 S.
Br. EUR 21,90
ISBN 3-531-53193-X

Klaus Grimmer
Öffentliche Verwaltung in Deutschland
Grundlagen, Funktionen, Reformen.
Eine problemorientierte Einführung
2004. 96 S. Br. EUR 12,90
ISBN 3-531-14510-X

Cilja Harders / Heike Kahlert / Delia Schindler (Hrsg.)
Forschungsfeld Politik
Geschlechtskategoriale Einführung in die Sozialwissenschaften
2005. 320 S. mit 1 Abb. und 1 Tab. (Politik und Geschlecht Bd. 15) Br. EUR 39,90
ISBN 3-8100-4074-6

Jürgen Hartmann / Bernd Meyer
Einführung in die politischen Theorien der Gegenwart
2005. 227 S. Br. EUR 19,90
ISBN 3-531-14909-1

Sebastian Heilmann
Das politische System der Volksrepublik China
2., akt. Aufl. 2004. 316 S. Br. EUR 21,90
ISBN 3-531-33572-3

Thomas Jäger / Alexander Höse / Kai Oppermann (Hrsg.)
Transatlantische Beziehungen
Sicherheit – Wirtschaft – Öffentlichkeit
2005. 520 S. Br. EUR 39,90
ISBN 3-531-14579-7

Dirk Jörke
Politische Anthropologie
Eine Einführung
2005. 157 S. (Studienbücher Politische Theorie und Ideengeschichte)
Br. EUR 14,90
ISBN 3-531-14908-3

Erhältlich im Buchhandel oder beim Verlag.
Änderungen vorbehalten. Stand: Januar 2006.

www.vs-verlag.de

VS VERLAG FÜR SOZIALWISSENSCHAFTEN

Abraham-Lincoln-Straße 46
65189 Wiesbaden
Tel. 0611.7878 - 722
Fax 0611.7878 - 400